日唐賤人制度の比較研究

榎本淳一　著

同成社　古代史選書　33

目次

凡　例

1. 本文、引用史料は、原則として新字体（当用漢字体）に改めた。ただし、研究者の氏名表記については、その著作に記された表記に従い、新字体には統一しない。
2. 引用史料で用いたテキストについては、「引用史料一覧」に記した。
3. 漢文史料の引用にあたっては、句読点は打つが、返り点は付さない。主要な史料については、漢文と書き下し文を併記する。
4. 史料の引用にあたっては、依拠したテキストと異なる句読点を付したところがある。また、テキストの注文は（　）に入れて示した。
5. 日本養老律および唐律・唐律疏議の条文番号は、律令研究会編『訳注日本律令』二・三（律本文篇上・下）（東京堂出版、一九七五年）のものによる。日本養老令の条文番号は、井上光貞ほか校注『日本思想大系3　律令』（岩波書店、一九七六年）のものによる。復旧唐令の条文番号は、仁井田陞『唐令拾遺』（東方文化学院、一九三三年。一九六四・一九八三年、東京大学出版会から復刊）、および池田温編集代表『唐令拾遺補』（東京大学出版会、一九九七年）のものによる。天聖令の条文番号は、天一閣博物館・中国社会科学院歴史研究所天聖令整理課題組校証『天一閣蔵明鈔本天聖令校証　附唐令復原研究』（中華書局、二〇〇六年）のものによる。
6. 年号の表記は、元号を主とし、西暦は元号年の後に（　）に入れて併記する。
7. 人名の表記にあたっては、研究者名には「氏」を付すが、それ以外の歴史的な人物の名前には敬称等を付さない。
8. 表番号は各章篇ごとに付し、通し番号とはしない。
9. 本書所収の各章篇の初出時の出典は、「初出一覧」に記した。

日唐賤人制度の比較研究

序章　本書の視角と構成

一　本書の視角

前近代の国家・社会においては、洋の東西を問わず、身分制度が普遍的に存在した。身分制度とは、政治的ないし社会的集団において、その支配や秩序を安定させるために、集団に属する人々を一定の理念・基準によって分類・序列化し、世襲的に社会的役割を固定する仕組みであると考える。それ故、身分制度の研究は、その時代の支配理念や仕組み、社会構造の解明に役立つものと考える。

本書で取り上げる律令賤人制は、中国唐代および古代日本に存在した良賤制という身分制度の一部であり、当時の人民支配の根幹にかかわるものであった。本書では唐代の賤人制との比較により、古代日本の賤人制の特質、また賤人とされた隷属民の実態を明らかにすることを目的とする。なお、日本古代の賤人は、五色の賤と総称されるように、陵戸、官戸、官奴婢（公奴婢ともいう）、家人、私奴婢という五種類の賤人からなっていた。このうち、国家・官司に所属する陵戸、官戸、官奴婢を官賤ないし官賤人と称し、私家に所属する家人、私奴婢を私賤ないし私賤人と称する。

日本古代の賤人制度の研究は、奴婢の存在形態や社会構成における位置づけなどを中心に行われてきた(1)。奴婢が賤人の中核的存在であったということもあるが、その背景には唯物史観による発展段階説の検証という意識・目的も存在しており、古代社会は奴隷制社会であるという観念の下に、奴隷と同じ意味とされている奴婢の研究が盛んに行われてきたということも考えられる。しかし、古代日本における奴婢が奴隷であったということは、十分検証確認されたことではない(2)。そもそも、これまでは奴婢という漢語、外来語としての特性が十分考慮されないまま、単に同じ表記だから中国も日本も同じ意味と理解されてきたに過ぎない(3)。また、古代は奴隷制社会であるから、奴隷が存在するはずだという先入観が奴婢の意味を規定してきたということもあるだろう。だが、古代は奴隷制社会であるということも一つの理論、仮説であり、実証されたものではない。あたかも事実のように考えられてきた「古代＝奴隷制」という図式自体も再検討する必要があると思われる(4)。本書では、奴婢をはじめとして賤人身分とされた人々の実態を、従来の先入観を排し、あくまでも史料にもとづき明らかにしたいと思う。

日本の律令賤人制は、唐代の賤人に関する諸規定を手本に制定された。しかし、唐の賤人規定を丸写ししたわけではなく、日本の古代社会の実態にあわせるため、また部民制、氏族制などと呼称される律令制以前の支配体制との接合が勘案されたために、少なからぬ改変が加えられている。それ故、唐と日本の賤人諸規定を比較し、その違いを明らかにすることにより、唐と日本の社会や支配体制の相違を浮き彫りにし、賤人身分とされた人々の実態に迫ることができるものと考える。

日唐賤人制の比較研究はこれまでにも数多く発表されているが、まだ十分その特質を抽出するに至っていないと思われる(5)。その原因については、かつて菊池英夫氏により指摘された日唐律令制度比較研究上の問題点がこの場合にもほぼあてはまると思われるが(6)、菊池氏以後の唐令復原研究の進展状況をふまえ(7)、賤人制研究の立場からまとめるならば、以下の諸点を挙げることができよう。

＜復原唐令の史料的問題＞

『唐令拾遺』の後を受けて、『唐令拾遺補』、『天一閣蔵明鈔本天聖令校証』と有用な唐令復原史料集が相次いで生み出され、[8]日唐律令制比較研究上多くの恩恵を受けているが、その三書に共通する問題点も存在している。復原唐令の賤人規定のなかには、日唐の賤人制の違いを意識しないで必要以上に日本令の対応規定にひきつけて復旧している場合があり、そのため唐令本来の規定と異なってしまい、日唐の違いが見出しがたくなっていることがある。また、明らかに唐令と思われる規定でも、日本令に対応する規定が存在しないと復旧されないため、唐制の独自な規定が見落とされてしまっている。近年発見された天聖令を利用した唐令復原においては、宋令と不行唐令をもとに唐令の復原を行っているが、宋令・不行唐令にない唐令が存在した可能性も考慮する必要がある。[9]

＜研究者の先入観＞

日本の賤人制は唐の賤人制をモデルとしたものであるということで、必要以上に唐制の知識をもって日本の賤人制を理解・解釈しようとするため、日本令で改められた規定の独自性に注意が払われていない。

＜表面的・相対的比較＞

どちらの規定がより寛大（人間的）であるとか、より厳格（奴隷的）であるとかといった相対的な評価の段階でとどまり、規定の差違を生んだ制度の本質的な違いがあまり問題とされていない。

＜継受法としての性格の無視＞

日本の律令法は、唐の律令法を継受したものであるため、唐の規定を改変した部分と唐の規定を直写した部分とが混在している。そのため、日本で改変した条文と唐の規定そのままの条文との間で齟齬を生んでいる場合が少なくない。しかるに、その矛盾点を矛盾として認めず、無理に統一的に解釈しようとしたり、唐的な規定のみを重視して解釈したりして、日本で改変した部分の特質を見失っている場合が少なくない。

以上四点以外にも、問題点は存在するものと思う。ここに述べたことは、あくまでも筆者の研究過程で気づいたものであって、以下の本論と密接にかかわる問題点である。一々ふれることはしないが、以上の諸点をふまえての行論であることをあらかじめお断りしておく。

なお、筆者のこれまでの研究では「賤民」という身分呼称を用いていたが、本書では「賤人」と表記する。その理由としては、まず唐および古代日本の法制史料には「賤民」という用語がみえないということがある。唐代では「賤民」ではなく「賤人」という身分呼称が用いられていた。(10)なお、唐代良賤制では「賤人」に相対する身分は「良人」と呼称された。日本の残存する法制史料には「賤人」という用語はみられないが、良身分の者の呼称は唐代と同様に「良人」であったことから、日本でも賤身分の者を「賤人」と呼称した蓋然性は高いと考える。(11)以上のことから、本書では「賤民」ではなく、「賤人」という身分呼称を用いる。(12)

二　本書の構成

本書は、この序章のほか、本論七章、終章、附篇二篇からなる。附篇には、本論の論旨ともかかわる唐令の賤人規定の復旧などについて考察した論考を収めた。以下、各章篇の趣旨・概要と成り立ちについて説明することにしたい。

<第一章　ヤツコと奴婢の間>

旧稿は佐藤信先生の退官記念論文集に寄稿したものだが、もともとは学部時代に佐伯有清先生に提出した学期末レポートであり、その後、修士論文の一部となったものである。倭語の「ヤツコ」とその漢字表記である「奴婢」の意

味的なズレを取り上げたものであり、「ヤツコ」は奴隷ではないという本書の基本的な視角を示すものとして、冒頭に掲載した。

〈第二章　律令賤人制の構造と特質〉

もとになったのは卒業論文の一部であり、概要は史学会第八五回大会（一九八七年一一月）で発表し、その後、池田温先生の還暦記念論文集に掲載された。なお、本書に収めるにあたって、旧稿にあった付論を外した。また、北宋天聖令の発見により誤りが明らかになった点については、修正を加えている。唐と日本の律令規定の比較により、両国の賤人制の違いを指摘したものであり、本書の大枠を示す内容となっている。唐の賤人制度が礼的秩序を維持する目的を有したに対し、日本の賤人制度は律令制以前の支配体制を維持する性格をもっていたことを述べる。

〈第三章　日唐官賤人の解放規定について〉

第二章および拙稿「唐代前期の官賤制について」（『東洋文化』六八、一九八八年）における、官賤人の解放規定に関する解釈に対して、吉野秋二氏と稲田奈津子氏からご批判をいただいた。お二人のご批判に答えるために、新たに書き下ろしたものである。唐の官賤人の解放規定は、反逆縁坐とそれ以外で区別され、別条で規定されていたことを明らかにする。日本の解放規定は、唐の規定を下敷きにしながら、皇室譜代隷属民と犯罪により没官された者という性格の異なる官賤人を一条にまとめたものであることを指摘する。

〈第四章　日唐賤人の身分標識について〉

旧稿は笹山晴生先生の古稀記念論文集に掲載していただいたものであるが、本書に入れるにあたっては史料の掲載の仕方を一部改めた以外、ほとんど修正したところはない。唐の賤人は服色や入れ墨によりその身分が誰からも判別可能であったのに対し、日本の賤人には明確な身分標識はなかったことを示す。

＜第五章　日唐戸令当色為婚条について＞

旧稿は佐伯有清先生の喜寿記念論文集に献呈したもので、附篇二の旧稿をふまえ唐と日本の賤人の「婚」の問題を論じたものである。唐においては「婚」は礼制にかかわるもので、礼的秩序外の存在であった部曲客女・官私奴婢には「婚」は認められなかったが、日本では礼制とは無関係に賤人の配偶が「婚」と表記されたという違いを明示する。

＜第六章　天聖令からみた日唐奴婢売買の諸問題＞

もともとは修士論文の一節であったが、その後発見された天聖令の知見を加え、第五三回国際東方学者会議のシンポジウム「天聖令と律令制比較研究」（二〇〇八年五月）において口頭報告し、その後、大津透氏編の論文集に載せていただいた。旧稿発表後、岡野誠氏の高批に接し、説明不足の点、誤解されやすい表現を修正し、掲載史料などを補った。唐日の奴婢の売買規定や売券などの比較を通じ、両国の奴婢の隷属実態の違い、異民族奴婢の有無と意義などについて論じる。

＜第七章　藤原仲麻呂と女楽＞

武光誠先生の還暦記念論文集に載せていただいた論文で、藤原仲麻呂政権時に渤海に送られた女楽とはどのような存在で、女楽贈答にはどのような意味があったのかを論じたものである。女楽は唐では官賤人の一種であったが、日本では采女・氏女からなるもので賤人ではなかった。賤人ではない日本の女楽が他国に贈られた背景に、日本独特の人身献上の歴史がかかわっていることを述べる。

＜終章　日本古代の奴婢は奴隷か＞

高塩博先生主催の律令研究会の第二九八回例会（二〇〇三年三月）で口頭発表したものの要旨を『國學院大學日本文化研究所報』四十号（二〇〇三年五月）に掲載していただき、その後、國學院大學日本文化研究所編の論文集にも入れていただいた。本書に収めるにあたって、多少修補している。研究史をふまえ、日唐律令規定を比較検討した結果にもとづき、日本古代の奴婢の性格について論じている。本書の内容を総括する内容ということで、終章とした。

〈附篇一　『新唐書』百官志の官賤人記事について〉

北宋天聖令の発見者として知られる戴建国氏のお招きにより、二〇〇六年九月に上海師範大学で開かれた国際学術研討会会議〝唐宋時期的法律与社会〟で発表したもので、その後、戴氏主編の論文集に掲載された。従来、唐令復原史料としてあまり活用されてこなかった『新唐書』の官賤人記事の有効性を、抄本系『唐会要』などを利用して考証している。中国語で公刊されたものを、本書に収めるにあたり、日本語に改め、令の年代の考証に関してはかなり修補を施している。

〈附篇二　唐戸令当色為婚条をめぐる覚書〉

大谷探検隊吐魯番将来アンペラ痕文書の調査にあたってお世話になった小田義久先生の還暦記念論文集に献呈したもので、『唐令拾遺』戸令当色為婚条の復原案の修正を行っている。なお、天聖令発見前に執筆したものであるため、迂遠な考証を行っている部分もあるが、第五章との関係上、明らかな誤りは削除修正したが、論旨にはあまり手を加えないようにした。

以上、本書所収論文の成稿の経緯とその概要について説明したが、全体にわたって形式の統一を図るために旧稿の構成・表現等を改めたところがある。また、基本的に旧稿と論旨に変更はないが、天聖令の発見によって修正・補足した箇所も少なくない。しかし、改変箇所の全てに言及するのは煩瑣であるので、修補についてふれていない場合もあることをご了解いただきたい。

註

（1）古代日本の賤人制度に関する研究史については、奴婢を中心とするものであるが、神野清一「日本古代奴婢に関する研究史的整理」（『中京大学教養論叢』三四―二、一九九三年）が有用である。なお、奴婢の性格をめぐる研究史については、本書終章「日本古代の奴婢は奴隷か」でもふれている。神野氏の研究史整理の後の関連研究だが、単行本としては、神野清一『日本古代奴婢の研究』（名古屋大学出版会、一九九三年）、同『卑賤観の系譜』（吉川弘文館、一九九七年）、磯村幸男『日本古代の賤民』（同成社、二〇一二年）の三書が刊行されている。論文は、筆者のものを除くと、長谷山彰「身分制の側面からみた日本律の成立過程―庚午・庚寅年籍における良賤区分をめぐって―」（『駿河台法学』七―一、一九九三年）、神野清一「神賤試論」（『日本歴史』五四五、一九九三年）、同「長屋王家木簡削の奴婢歴名について」（『続日本紀研究』三四〇、二〇〇二年）、同「身分標識としての奴婢の服色」（『日本歴史』七二三、二〇〇八年）、吉野秋二「良賤制の構造と展開」（『日本古代社会編成の研究』塙書房、二〇一〇年、初出一九九七年）、稲田奈津子「唐日律令賤民制の一考察―賤民間の階層的秩序について―」（『東方学』一〇五、二〇〇三年）、小倉道子「律令良賤制下の奴婢の存在形態―大宅朝臣可是麻呂の貢進奴婢を中心に―」（『市大日本史』一四、二〇一一年）、吉永匡史「天聖捕亡令と身分制―奴婢関連規定を中心として―」（『唐代史研究』一七、二〇一四年）などがある。

（2）これまでも、古代日本の奴婢が奴隷とは捉えられないことを指摘する研究が存在している。義江明子「日本古代奴婢所有の特質」（『日本古代の氏の構造』吉川弘文館一九八六年、初出一九八〇年）、関口裕子「家父長制家族の未成立と日本古代社会の特質について」（『日本史研究』二四七、一九八三年）、武光誠「日本律令と良賤制」（『日本古代国家と律令制』吉川弘文館、一九八四年）などを参照。なお、津田左右吉「日本歴史の特性」（今井修編『津田左右吉歴史論集』岩波書店、二〇〇六年、初出一九四六年）に、「社会制度としても、品もののようにとりあつかわれる奴隷というものがなく、ヤッコ（家つ子）といわれた奴婢はあっても、ヨウロッパにあったような奴隷ではなかった」（二二五・二二六頁）という言及があったことが注意される。

（3）本書第一章「ヤツコと奴婢の間」を参照。

（4）吉村武彦氏は、日本の古代社会を「奴隷制」ではなく、「隷農制」で捉えるべきと主張されている。ただし、吉村氏も日本古代の奴婢を奴隷と理解されている。吉村氏の「古代の社会構成と奴隷制」（『講座日本歴史』二、東京大学出版会、一九八四年）、「古代は奴隷制社会か」（『古代史の新展開』新人物往来社、二〇〇五年、初出一九九一年）などを参照。

（5）義江明子氏の奴婢に対する一連の研究（『日本古代の氏の構造』吉川弘文館、一九八六年）は、例外的に従来の研究にはない大きな成果をあげていると評価できる。

（6）菊池英夫「日唐軍制比較研究上の若干の問題――特に「行軍」制を中心に――」（『隋唐帝国と東アジア世界』、汲古書院、一九七九年）。

（7）北宋天聖令の発見は、唐令復原研究および唐日律令制比較研究を大いに進展させた。天聖令発見の意義については、池田温「唐令と日本令（三）唐令復原研究の新段階：戴建國氏の天聖令残本発見研究」（『創価大学人文論集』一二、二〇〇〇年）、岡野誠「明鈔本北宋天聖令残巻の出現について」（『法史学研究会会報』七、二〇〇二年）、大津透「北宋天聖令の公刊とその意義―日唐律令比較研究の新段階―」（同編『律令制研究入門』名著刊行会、二〇一一年、初出二〇〇七年）、古瀬奈津子「天聖令の発見と日本古代史研究」（『歴史学研究』八三三、二〇〇七年）、丸山裕美子「日唐令復原・比較研究の新地平―北宋天聖令残巻と日本古代史研究」（『歴史科学』一九一、二〇〇八年）、辻正博「思いがけぬ新史料の「発見」―天一閣蔵明鈔本「天聖令」」（『人環フォーラム』二九、二〇一一年）などを参照。

（8）仁井田陞『唐令拾遺』（東京大学出版会、一九八三年、初版一九三三年）、池田温編集代表『唐令拾遺補』（東京大学出版会、一九九七年）、天一閣博物館・中国社会科学院歴史研究所天聖令整理課題組校証『天一閣蔵明鈔本天聖令校証　附唐令復原研究』中華書局、二〇〇六年）。

（9）武井紀子「義倉の成立とその意義」（『国史学』二〇五、二〇一一年）は、日本の養老賦役令6義倉条に対応する規定が天聖令にみえないが、唐永徽令に対応規定が存在した可能性を指摘している。天聖令所載の宋令・不行唐令以外にも、天聖令編纂以前に削除された唐令が存在した可能性を考慮する必要があると思われる。

（10）濱口重國『唐王朝の賤人制度』（東洋史研究会、一九六六年）。

（11）そもそも手本とした唐と異なる身分呼称を用いる必然性はないと思われる。唐の賤人という呼称も疏議にみえるもので、律令本文にはみえないものであり、『律集解』などの喪われた部分には賤人の記載があった蓋然性は高いものと考える。ちなみに、賤人の用例については、『古事記』応神天皇段に一例があるが、律令制の賤人身分とは無関係なものである。

（12）吉村武彦「律令制的身分集団の成立」（『講座・前近代の天皇3　天皇と社会諸集団』、青木書店、一九九三年）では「良人と賤身分」（九頁）と表記するが、対応・並列する身分表記として落ち着きが悪く、「良身分と賤身分」ないし「良人と賤人」とすべきであろう。

第一章　ヤツコと奴婢の間

序　言

本章は、大化前代の「奴婢」と表記（「奴」、「婢」という表記も含む）された人々の実態を再検討するものである。すなわち、律令制の下、賤人身分に編成された人々が、それ以前はどのような人々であったかについて、通説を批判的に検討し、その実像を捉え直そうとするものである。

これまで、「奴婢」という用語の存在にもとづき、大化前代から奴隷が存在していたということが通説になっている(1)が、大化前代の「奴婢」と表記された人々が本当に奴隷であったかについては、実は実証的に確認されたことではない。本来、「奴婢」は漢語であり、中国では確かに奴隷の意味であったことは事実だが(2)、異なる国や時代で使用された場合にも常に同じ意味であったという保証はどこにもない。むしろ、同じ用語であっても、国・地域や時代・状況などが異なれば、異なる意味で使用されるケースも稀ではない。しかしながら、これまでの研究では、「奴婢＝奴隷」ということがほとんど疑われることなく、自明のこととされてきたように思われる(3)。本章では、こうした研究上の「常識」を問い直してみたいと思う。

「奴婢」の和訓は「ヤツコ（夜都古・夜豆古）」であったことから、[4]「ヤツコ」とよばれた人々に「奴婢」という漢語をあてたと考えられるわけだが、「ヤツコ」という実態と「奴婢」という漢語表現との間には、いかほどのズレがあったのか、またはなかったのか。この問題を考えるためには、「奴婢」表記が日本側でなされたケースと、中国人によってなされたケースの二通りあることに注意する必要がある。大化前代の基礎史料として記紀と中国正史があり、その双方に「奴婢」表記がみられるが、日本史料と中国史料とでは「奴婢」と表記した事情・背景に違いがあると考えられるからである。この点に配慮し、日本史料と中国史料は区別して検討することにしたい。

一 「ヤツコ」の語義

大化前代の「ヤツコ」とはどのような存在であったのかを考えるにあたって、倭語の「ヤツコ」の意味について確認しておきたいと思う。この問題については、江戸時代以来、多くの学者によって言及されてきているが、その語源・原義が「家（屋）之子」であったであろうことは、現在ほぼ認められていると思われる。[5]後の時代の、家子（イヘノコ）、家人、家来、家臣といった、「家」が冠された家僕・従者・臣下などを意味する用語に連なるものと考えられる。[6]「ヤツコ」の意味だが、漢字表記は「奴」に限らないが、和訓の用例から考えることが可能である。比較的多くみられる用例は、「君」（キミ）に対する「臣」に「ヤツコ」という訓が付されているものである。すなわち、「ヤツコ」には臣下の意味があるということである。本居宣長は、伴造と国造の「造」は同じ意味で、「御臣（ミヤツコ）」のこととする。[7]宣長は、傍証として奈良時代の称徳天皇の詔（宣命）において、官人らを「朝廷乃御奴」、「内都奴」と表現していることを挙げている（『続日本紀』天平神護元年八月庚申朔条、神護景雲三年五月丙申条）。中田薫は、「造」の語原は「ツコ」であり、その意味は「宮公」とするが[8]、宣長が「御奴」という用例を挙げているように「ヤツコ」が語原であり、「ミ」は尊敬を意味する接頭語であることは間違いないであろう。伴造（トモノミヤツコ）・国造（クニノミヤツコ）の「ヤツコ」に、臣の意味があるとする宣長説は正しいと考える[9]。

君臣などの用例からみて、「キミ」と「ヤツコ」が相対する語であることは確かであるが、「キミ」には君主・主人・貴人・目上の人など様々な意味があることから[10]、それに応じて「ヤツコ」の意味も変化したものと考えられる。すなわち、君主に対して臣下、主人に対して従者、貴人に対して賤人（いやしいひと）、目上に対して目下、というように指す対象や使われた場面によって意味が異なったものと考えられる。なお、「主（ヌシ）」「尊（ミコト）」と「奴（ヤツコ）」を対称させる用法も存在した。正倉院文書中の書状に宛先を「主」「尊」として敬い、差し出し者が「奴」という謙譲の自称を用いているものがみられる[11]。上述の「キミ」と「ヤツコ」の対称性とあわせ考えるならば、「ヤツコ」には相対的に下位の立場の者を指し示す意味・用法があったといえるだろう。

相手（第三者の場合もある）を見下したり、または親しみをこめて呼ぶ際に「ヤツコ（奴）」という呼びかけ（代名詞的用法）がされたことも知られるが（次節に挙げるように記紀にも散見する）、そのような呼びかけがなされること自体、「ヤツコ」は本来特定の人々、固定的な社会階層の人々を指す言葉ではなかったことを示している。それ故、「ヤツコ」と称された人々を特定するためには、「クニノミ（ヤツコ）」、「トモノミ（ヤツコ）」、「ウヂ（ヤツコ）」など修飾語を付したのであろう。なお、使用された場面・文脈によって、修飾語による限定を必要としなかったことも多かったと思われる。義江明子氏は、「ヤッコとは本来、氏《ウヂ》の結集・支配の拠りどころとしての機能をもって諸処に存在した「宅」の周辺に居住してそこでの仕事に従事した人間のことであり、そこから氏《ウヂ》構成員の上層部分の身近な従者的な性格をもおびるに至り、さらにはその譜第隷属の積み重ねの中から次第に下層身分の称として定着していったものと考

表1　『古事記』の「奴婢」記事

	記事の段名	「奴婢」記載	用　法
1	大国主神	奴	須佐之男命の大国主への呼びかけ(二人称代名詞)
2	火遠理命	従婢、婢	豊玉毘売の侍女
3	神武天皇	賤奴	五瀬命が敵の登美毘古を蔑称したもの（三人称代名詞）
4	仁徳天皇	奴	大后石之日売の山部大楯への呼びかけ（二人称代名詞）
5	安康天皇	賤奴	都夫良意富（葛城円大臣）の自称謙語
6	雄略天皇	奴	雄略が志幾大県主を称したもの（三人称代名詞)、志幾大県主の自称謙語
7	清寧天皇	奴	袁祁命（顕宗天皇）の自称謙語

えられる」[12]と述べられているが、「ヤッコ」と呼称された人々の存在形態として最も一般的なものが王族・豪族の農業経営拠点であった宅（ヤケ）周辺に居住して王族・豪族に従属する人々であったことから、「ヤッコ」に修飾語を冠さなくてもそれらの人々を指す用法が生まれたのではないだろうか。

以上要するに、「ヤッコ」とは相対的に下位の立場の者を指す言葉で、使用された場面・文脈に応じて、臣下や従者・家僕などを指したり、自分・相手・第三者を指す代名詞としても使用される幅広い用法をもった。したがって、奴隷など特定の社会階層の人々を限定的に意味する言葉ではなかったと考えられる。

二　記紀にみえる「奴婢」

1　『古事記』にみえる「奴婢」

大化前代の基本史料は『古事記』と『日本書紀』であるが、まず、『古事記』にみえる「奴婢」記事をみてゆきたい。関連記事をまとめたのが、「表1　『古事記』の「奴婢」記事」である。「奴」ないし「婢」という用語がみられる記事を取り上げているが、単に表音文字として用いられている「奴」字のケースは除外してある。

表1に示したように、『古事記』には「奴婢」記載が七箇所にみられる。しかし、そのうちの六箇所は自称ないし二人称・三人称の代名詞的な用法である。残る一箇所は、火遠理命（山幸彦）が海神の宮を訪問した場面にみられる「婢」である。海神の娘である豊玉毘売の「従婢」（単に「婢」とも記されている）として記されているものだが、この箇所の「従婢」「婢」にはともに「マカダチ」という訓が付されているように、侍女・従女の意味とみてよく、奴隷を指す用法ではない。

以上によって、『古事記』には「奴婢」（「奴」「婢」も含む）という文字・用語が奴隷の意味で使用された用例がないことを確認できたと思う。

2　『日本書紀』にみえる大化前代の「奴婢」

『日本書紀』（以下では、「書紀」と略称する）における大化前代の「奴婢」記載は一〇箇所だが、大化年間の「奴婢」記事も大化前代の「ヤツコ」の実態をうかがわせる内容をもっていることからあわせて検討することにしたい。関連史料をまとめたのが、「表2　『日本書紀』における大化前代の「奴婢」記事」である。

記事は、その史料的な性格から五種類に区別できる。神話記事、潤色記事、外国記事、事件記事、詔文記事の五つである。神話記事と潤色記事は、歴史的な事実を記したと思われないものである[13]。外国記事は、外国の奴婢について記すものであり、日本（倭）の「奴婢」を知る手がかりとはなり得ないものである。残る事件記事と詔文記事から、大化前代の「奴婢」と表記された人々の実態について考えることになる。事件記事は歴史的な事件について記述したもので、大化前代の「奴婢」について四件の記載がある。なお、事件記事であっても、伝承的な要素や後世の表記が

表2　『日本書紀』における大化前代の「奴婢」記事

	記事の年紀	「奴婢」記載	記事の種類	備　考
1	神代下・海宮遊幸	奴僕	神話記事	奴僕と俳人、狗人、隼人が同列
2	神代下・海宮遊幸	奴婢	神話記事	「ツカヒビト」の訓
3	武烈8年3月	官婢	潤色記事	官奴婢制度の存在しない時代の虚構
4	欽明4年9月	奴	外国の奴婢記事	百済から奴献上
5	欽明11年4月	高麗奴、奴	外国の奴婢記事	百済から奴献上
6	欽明15年12月	奴、賤奴	外国の奴婢記事	聖明王を斬首した新羅の奴
7	欽明23年6月是月	神奴	事件記事	贖罪のため神奴となる
8	敏達12年	駆使奴	事件記事	徳率ら下僚が奴と呼称される
9	崇峻即位前紀	奴軍、奴	事件記事	資人捕鳥部万も奴軍か
10	皇極2年11月丙子	奴	事件記事	舎人と奴三成は同等か
①	大化元年8月庚子	婢、奴、奴婢	詔文記事	男女の法
②	大化元年8月癸卯	奴婢	詔文記事	寺院の奴婢
③	大化2年3月辛巳	奴	詔文記事	奴に関する訴えを裁く
④	大化2年3月甲申	奴婢	詔文記事	主人を換える奴婢
⑤	大化3年4月壬子	奴婢	詔文記事	奴婢に姓をつけたか

含まれていて、事実そのものとは思われないものもあるが、全くの虚構ではなく、検討に値するものと考える。詔文記事は詔の内容を記した記事で、五件全て大化年間の新政にかかわって出されたもので、「奴婢」に対する新たな対処が示されており、大化前代の「奴婢」の実態を知る手がかりとなるものである。

神話記事の二つは歴史事実の記述ではないが、書紀編纂時の「奴婢」認識を示すものとして参考になるので、少しふれておきたい。神話記事はどちらも彦火火出見尊（火折尊）にかかわるもので、一つは兄火闌降命（火酢芹命）が降参する際に、その命乞いの条件として「奴僕（ヤツコ）」になることを申し出たというものである。この条件は後に「俳人（ワザヒト）」に代えられ、結果としてその子孫が隼人として代々天皇に仕えるという話になっている。すなわち、「奴僕」、「俳人」、「隼人」がほぼ同格なものとして挙げられているのであり、ここでの「奴僕」は貴人（天皇）に仕える従者程度の意味であることが推知される。もう一つは、海神の娘豊玉姫が出産の際の約束を破った夫の彦火火出見尊に対して述べた恨み言にみえるもので、今後は互いの「奴婢」を相手のもとに送っても、送り返さない、という絶交文言中のものである。ここでの「奴婢」には「つかひびと」という訓が付せられているように、使人や従者といった意味であると考えられる。この二つの神話記事から、書紀編纂にあたった人々は「奴婢＝奴隷」という認識に縛られていなかったことがわかるであろう。

以下、事件記事について、表2に挙げた順番ごとに検討することにしたい。

7の欽明天皇二十三年の記事は、贖罪のために子どもを「神奴」とするというものである。この「神奴」がどのような存在かは、この史料だけでは即断は難しいが、贖罪のため人身が没収（逆の見方をするならば献上）された同様なケースが参考になるだろう。なお、服属し命乞いすることも贖罪に類した行為と考えられるので、書紀中の贖罪・服属に際して人身を没収（献上）した事例を「表3　『日本書紀』の贖罪・服属記事における人身没収（献上）記事」にまとめてみた[14]。

この表によれば、献上（没収）された人々が、上は皇后から、下は部民・従者に至るまで様々な地位・身分にされていることがわかる。いずれも罪の赦し、服属を認めた相手側に対し奉仕するという共通性を有するが、奴隷ではないことは明らかであろう。人身没収の他例から推してみて、「神奴」も神に奉仕する者程度の意味である蓋然性が高いと思われる。

8の敏達天皇十二年の記事は、倭国の要請で来日した日羅を、下僚としてともに来日した百済の官人らが暗殺した事件を記すもので、日羅が自分を暗殺した真犯人を明らかにする際に、百済の官人である下僚たちを「駆使奴」と称している。「奴」とされた人々が百済の官人であることから、ここでの「奴」が奴隷という意味ではないことは明瞭であろう。

没収後の地位・身分	備　考
俳優之民・奴僕・俳人・狗人	『古事記』では昼夜の守護人
従者	
飼部	これとは別に人質を送る。
?	
釆女	
屯倉の役民（田部？）	
皇后	『古事記』安康段にもみえる
養鳥人	
鳥養部	
山部	
陵戸	
钁丁（田部）	
釆女丁	
神奴	

9の崇峻即位前紀の記事は、蘇我馬子らが物部守屋を滅ぼした戦いについて記述したもので、守屋が子弟と「奴軍」を率いて戦い、敗れた後に守屋の「奴」の半分が四天王寺の「奴」とされたことを記している。この記事の「奴軍」を解釈するにあたっては、次の10の皇極天皇二年の記事とあわせ考えてみたい。10の記事は、蘇我入鹿らが山背大兄王一族を襲った際に、「奴」の三成が舎人らとともに奮戦したことを記す。両記事では、「奴」が王族・豪族の重要な武力として活躍しており、資人や舎人らと同等な存在として描かれている。[15] ちなみに、9で奮闘ぶりが特筆されている資人捕鳥部万は物部氏の子弟ではないことから、「奴軍」の一員とも考え得る。[16] したがって、ここでの「奴」は、資人・舎人と同様に従者・側近ほどの存在と考えて大過ないものと考える。ことさらに奴隷と解釈しなければならない理由は見当たらない。

9の記事で四天王寺の「奴」とされた守屋の「奴」については、宅（ヤケ）という農業の経営拠点とともに四天王寺に与えられたことから、宅の農業経営を支えた物部氏配下の農民的な存在であったと考えられる。[17] 物部氏から没収して、四天王寺に与えられたことから、この「奴」を

表3　『日本書紀』の贖罪・服属記事における人身没収（献上）記事

	記事の年紀	犯罪（服属）者	犯罪（服属）者と被没収者との関係
1	神代下・第10段	火闌降（火酢芹）命	本人（子孫）
2	景行40年	蝦夷（一族全体）	首帥
3	神功摂政前紀	新羅王	本人（新羅国民）
4	応神9年4月	甘美内宿禰	本人
5	履中即位前紀	倭直吾子籠	妹
6	履中元年4月丁酉	阿曇連浜子	浜子に従う野島海人
7	雄略即位前紀	円大臣	娘
8	雄略10年9月戊子	水間君	（支配民？）
9	雄略11年10月	菟田人、武蔵・信濃直丁	本人
10	清寧即位前紀	吉備上道臣等	領民（山部）
11	顕宗元年5月	狭狭城山君韓帒	本人
12	安閑元年閏12月壬午	大河内直味張	（支配民？）
13	安閑元年閏12月	廬城部連枳莒喩娘幡媛	本人
14	欽明23年6月	馬飼首歌依	子

奴隷的な存在とみなす向きもあるかもしれないが、表3の同様なケースを参照するならば、没収された人々が奴隷であったとか、没収後に奴隷にされたというわけではないことが知られる⑱。9にみえる「奴」は、普段は宅周辺の農耕などに従事し、事が起こると武装して主人を護る親衛隊的な役割も果たす農民的な存在であったのではないだろうか。この推測については、表3の12で田部・鍬丁が献上されたことを証拠に挙げる。

3　『日本書紀』にみえる大化年間の「奴婢」

表2①の大化元年（六四五）八月庚子条の記事は、著名な「男女の法」である。大化前代の「奴婢（ヤツコ）」の実態を考える上で、重要な史料であることから、次に史料を示す。

〔日本書紀、大化元年八月庚子条〕

又、男女之法者、良男良女共所生子、配其

父。若良男、娶婢所生子、配其母。若良女、嫁奴所生子、配其父。若両家奴婢所生子、配其母。若寺家仕丁之子者、如良人法。若別入奴婢者、如奴婢法。

又、男女の法は、良男・良女共に生めらむ所の子は、其の父に配けよ。若し良男、婢を娶きて生めらむ所の子は、其の母に配けよ。若し良女、奴に嫁ぎて生めらむ所の子は、其の父に配けよ。若し両つの家の奴・婢の生めらむ所の子は、其の母に配けよ。若し寺家の仕丁の子ならば、良人の法の如くせよ。若し別に奴婢に入れらば、奴婢の法の如くせよ。

この「男女の法」は、「良人」と「奴婢」の通婚の結果生まれた子どもの帰属を新たに規定したもので、通婚を禁止するものではない[19]。したがって、これ以前（大化前代）において、「良人」と「奴婢」との通婚が広く行われており、それが禁じられるものではなかったことを意味している。また、両者の通婚が「娶（る）」、「嫁（ぐ）」と表現されており、「奴婢」を差別する意味あいがないことが注意される。ちなみに中国では奴隷である奴婢と良人との結婚は認められておらず、両者の性的な関係は違法行為として「奸（姦）」と捉えられた。唯一主人が自ら所有する婢と関係をもつことは「幸」と表現され合法であったが、主人が婢に恩幸を与えるという上下関係を示すもので、対等な男女関係を意味するものではなかった[20]。「男女の法」からは、大化前代における「奴婢」と「良人」の対等な関係がうかがわれ、「奴婢」に婚姻の自由があったことが知られる。こうした「奴婢」が奴隷でないことは、明らかであろう。なお、「男女の法」の「良人」「良男」「良女」という表記だが、良賤制の成立は持統朝と考えられることから[21]、大化年間の表記ではない。ここでの「良人」がどのような人々を指すのかという問題は、同時に「良人」と区別された「奴婢」がいかなる存在を意味するのかという問題とも重なる。

「男女の法」が出された理由については、すでに指摘があるように、同日条で東国等国司に戸籍の作成が命じられたこと、およびその三日後に寺司等・寺主に諸寺の僧尼・奴婢・田畝の調査報告（僧尼・奴婢の名籍の作成を含むと考える）が命じられたことが関係していると考えられる。(22) 戸籍・名籍への登録記載方法の原則として、子どもの帰属について規定する必要があったものと考えられる。それでは、この時、戸籍・名籍作成を命じた目的はどのようなものであったろうか。この問題を考えるにあたって、戸籍作成を命じたことを記す書紀の記事をみてみたい。

〔日本書紀、大化元年八月庚子条〕

凡国家所有公民、大小所領人衆、汝等之任、皆作戸籍、及校田畝。其薗池水陸之利、與百姓倶。

凡そ国家の所有る公民、大きに小きに領れる人衆を、汝等任に之りて、皆戸籍を作り、及田畝を校へよ。其れ薗池水陸の利は、百姓と倶にせよ。

この記事によれば、国家（朝廷）が支配する「公民」と「大小所領人衆」を対象に戸籍の作成が命じられたことがわかるが、「公民」と区別された「大小所領人衆」とは何かが問題となろう。「公民」以外の人民ということであれば、王族・豪族支配下の人民とみてよいのではないだろうか。そのように捉えてよいならば、これまで把握することのできなかった王族・豪族支配民までも国家（朝廷）が把握しよう（ひいては支配を及ぼそう）とする意図・目的があったということになろう。ここで、先に問題にした「良人」とは何を指すのかということについて考えたい。「良人」には「オホミタカラ」という訓が付されているが、これは「公民」と同じ訓である。したがって、書紀の漢字表記は異なるが、戸籍作成を命じた部分の「公民」と、「男女の法」の「良人」は同じ国家（朝廷）支配下の人民を指していると考えられる。そうなると、「大小所領人衆」と「奴婢（ヤツコ）」は同じ人々を指していると考えられ、ともに王族・豪族支配下の人民を意味していると解される。後に天智朝の甲子の宣において、氏（中央豪族）の支配民が民部（部曲）と家部に区別されることになるが、大化年間においてはその両者を一緒にして「大小所領人衆」ないし「奴婢（ヤツコ)」と捉えていたということだろう。後に「公民」とされる「部曲」には「ウヂヤツコ」という訓があるように、王族・豪族支配下の人民を一体として「ヤツコ」と捉えることがあったと考えて問題はないだろう。[23]「男女の法」に関する以上の考察によれば、大化年間および、それ以前においては、「奴婢」という表記が広く私民(朝廷支配下にない人民)を指す用法もあったことが知られる。

表2②の大化元年(六四五)八月癸卯条の記事については先にもふれたが、「男女の法」が出された三日後に諸寺院の僧尼・奴婢・田畝の調査報告を命じたというものである。ここにみえる「奴婢」は、「男女の法」に関する上述の考察によれば、寺院配下の人民を指すものと考えてよいだろう。ただし、「男女の法」では同じ寺院配下の人民でも「寺家仕丁」と「奴婢」の区別がされていることに留意する必要がある。「寺家仕丁」には「良人法」が適用されていること、「仕丁」という呼称がつけられていることなどを勘案するならば、朝廷の支配を受ける「公民」でありながら、寺院の仕事を割り当てられていた(朝廷・寺院から二重支配された)人々ではないかと推察される。「公民」的な「寺家仕丁」のなかからとくに「奴婢」にする場合には、「奴婢法」を適用するようにと「男女の法」が規定しているが、寺院の場合はこの大化元年八月の段階で、支配下にあった人民を「寺家仕丁」と「奴婢」のどちらかに区別するということが行われたとものと考えられる。「公民」的な「寺家仕丁」のなかから「奴婢」(=寺院専属の被支配民)とする人々が選ばれたわけであるから、「奴婢」と「公民」とは支配主体の違い以外には本質的に大きな違いはなかったということになるだろう。

表2③の大化二年(六四六)三月辛巳条には、東国国司等の一人大市連が詔に違えて中臣徳の「奴」のことを判じた罪を指摘されたことが記されている。赴任前の詔では国司等が任所において人民の訴えを自分で処断することを禁じていたわけだが、大市連はその指示に違反した過失を問われたのである。大化改新が進められたこの時期に、「奴」

にかかわる問題・訴訟が起こっていたことは注目されるが、どのような訴訟事件であったのか、具体的な内容を知ることはできない。

④の大化二年三月甲申条は、大化前代の旧俗改正を命じた詔を記すもので、「奴婢」に関して二つの問題が取り上げられている。一つは、貧困な主人を欺いて、自ら富裕な家に移り生活手段を求める「奴婢」がいるが、そうした「奴婢」を強引に留め働かせ、元の主人に送り返さない富裕な家が多いというものである。もう一つは、妻に嫌われ離縁された元の夫が、そのことで悩まされたことを恥じて、元妻を強引に「事瑕《ことさか》之婢」とするというものである。前者からは、大化の頃には「奴婢」の支配隷属関係が流動化し、それを政府が問題視していたことがわかる。旧主の没落と勢家の発展といった社会変動が影響しているのかもしれないが、少なくともこの大化の頃には「奴婢」は自ら主人を変えることが可能であったことが知られる。後者の「事瑕之婢」とはどのようなものか明瞭ではないが、離縁した元妻を何らかの口実で「婢」として自らに従属させる風習があったということであろう。「事瑕之婢」の境遇がどのようなものであったかは不明である。

⑤の大化三年（六四七）四月壬子条の「奴婢」に関する部分だけ、史料を次に記す。

〔日本書紀、大化三年四月壬子条〕

又、拙弱臣・連・伴造・国造、以彼為姓神名・王名、逐自心之所帰、妄付前々処々。前々、猶謂人々也。爰以神名・王名、為人賂物之故、入他奴婢、穢汚清名。

又、拙弱き臣・連・伴造・国造、彼の姓となれる神の名・王の名を以て自が心の帰る所に逐ひて、妄に前々処々に付けたり。前々とは、猶人々を謂ふぞ。爰に神の名・王の名を、人の賂物とするを以ての故に、他の奴婢に入れて、清き名を穢汚す。

この記事は難解であるが、近年の研究を参考にして、次のように解釈する。[24]「思慮に欠ける臣・連・伴造・国造が、その氏《うぢ》の名の由来となった神名・王名を勝手に人や土地につけることにより、神名・王名が人の賂物（贈り物）となったために、他人の「奴婢」（の名前）にも入ることになり（神名・王名の）清き名を汚すことになっている」と解する。このように解釈するならば、「奴婢」にも氏名《うぢな》が付されることがあったことになる。先に崇峻即位前紀にみえる捕鳥部万が「奴軍」の一員であった可能性を指摘したが、大化前代の「奴婢」のなかには氏の名を有した者や部の名称を個人名に冠した者もいたということになり、無姓であることで有姓の良人と区別された律令制下の「奴婢」とは異なっており、「奴婢」とそれ以外の人民の区別は不明瞭であったと思われる。[25]

以上、書紀にみえる大化前代の「奴婢（ヤツコ）」の実態について検討してきたが、「奴婢」が奴隷的な存在であったことを示す史料は皆無であった。代名詞的な用法や謙語的な表現を除いた、「奴婢」と呼ばれた人々の存在形態は「公民」とほとんど変わらず、両者の間にも身分的な差別は存在していなかったと考えられる。[26]明確な差異としては、「公民」が国家（朝廷）支配下の民であるのに対し、「奴婢」は王族・豪族支配下の民であったことである。

4　身分用語と実態との乖離

大化前代の「奴婢（ヤツコ）」が奴隷的な存在ではなかったことを確認できたと思われるが、なぜこのような用語と実態の乖離が生じたのであろうか。ひるがえって、他の身分用語にも目を向けるならば、実は「奴婢」だけのことではないことが知られる。たとえば、書紀では「部曲」は豪族の私有民の意味で使用されているが、中国においては私賤人の身分呼称であり、明らかにズレがある。また、日本では「雑戸」は律令制下の官司に所属した技術者集団を指したが、中国では官賤人の身分呼称であった。[27]私有民と私賤人、官司に所属する技術者と官賤人、全く関係のない用語が使用されているわけではなく、ある程度の関連性・類似性は認められる。「奴婢」の場合も同様であり、似て非なる用語が使用されているということである。

書紀を執筆した人々や律令制の身分制度を策定した人々は、身分呼称を漢語で表現しなければならなかった。日本（倭）の実態を漢語で表現する場合、造語して新たに表現するという方法もあるが、漢語としての通用性を考えた場合、すでに漢語として熟している言葉を利用した方がよいという判断が働いたのではないだろうか。できるだけ日本（倭）の実態に近い用語を選択し使用したが、もとより中国と日本（倭）では社会の発展段階や構造に大きな開きがあった以上、用語と実態との間にズレが生じるのも当然であったと思われる。日本語（倭語）を外国語に翻訳する際には、えてしてこのような問題は起こりがちなことではないだろうか。

三　中国史料にみえる「奴婢」

1　『三国志』魏書東夷伝倭人条の「奴婢」

邪馬台国に関する基本史料である『三国志』魏書東夷伝倭人条（以下では、「『魏志』倭人伝」と略称する）には、「奴婢」の記載が二箇所みられる。一箇所は卑弥呼には千人の「婢」が侍っていたという記事であり、もう一箇所は卑弥呼の冢に「奴婢」百余人が徇葬されたという記事である。前者の「婢」については具体的に検討する材料をもたないが、卑弥呼の宮殿に仕える宮女のような存在とも捉えうるもので、ここでの「婢」が女性奴隷を意味すると断定はできないものと考える。

問題となるのは、徇葬された「奴婢」である。彼らが奴隷的な存在ではなかったことは、書紀の徇葬（殉葬・殉死）

記事によって明らかである。書紀の記す殉葬者は、「近習者」「隼人」「人」であり、奴隷的な存在としては描かれていない[28]。そもそも、倭・日本においては、家来・臣下が主人・君主の死に殉ずるという殉死の風習が長く存在しており、日本独特なあり方を示している。しかし、文化や風習の違う中国人（具体的には魏の派遣した使節）には、中国における奴隷殉葬の歴史が念頭にあり、墓に殉葬されるのは「奴婢＝奴隷」であるという先入観が存在していたと思われる[29]。外国人の記述には、異文化を理解せず、自国の文化を基準にした誤解が含まれることはよくあることであり、『魏志』倭人伝の奴婢の徇葬記事もそうした誤解によるものとみてよいだろう。

邪馬台国時代に「奴婢＝奴隷」が存在したと考えられてきた根拠には、「生口」の贈与・献上記事、妻子を没収するという刑罰記事もある[30]。「奴婢」という表記の問題から少し外れるが、「生口＝奴婢・奴隷」「妻子の没収＝妻子の奴婢・奴隷化」という理解もあることから、これらの記事についても検討を加えることにしたい。生口も漢語であり、本来は「生きた人間」というほどの意味であるが、中国の正史では牛馬や物品と同様に獲得・贈答・献上・下賜されるものとして記されており、奴隷と同様な意味で理解されている[31]。中国では普通の人間が贈答や献上されることは考えられず、そうした贈答・献上の対象となる存在は牛馬・資財と同一視された奴隷（＝奴婢）に他ならないと理解されていた。しかし、前節の表3にみるように、大化前代には奴隷ではない人々が献上された事例が散見する。

表3の事例は贖罪・服属という特殊なケースであり、『魏志』倭人伝の「生口」とは事情が異なるのではないかという疑問があるかもしれない。しかし、中国への朝貢に際して「生口」を貢ぐという行為は、中国への服属の証として「生口」を献上するという意味あいがあったわけであり、表3の服属のケースと本質的な差異はないと思われる。奈良時代の事例であるが、女楽という氏女・采女などからなる宮廷女性音楽演奏者たちが渤海使に贈られたということがあり、大化前代からの人身贈与・献上の慣習にもとづいたものと考えられる[32]。日本（倭）では、贖罪・服属に限らず、

奴隷ではない人々が贈与・献上されることがあったと考えてよいだろう。「生口」が漢語であり、中国史料に記されていることから、「生口」という記述はあくまでも中国人の認識によるものであることはいうまでもない。倭国における人身贈与・献上の事例を見知った魏の人々が自国で贈与・献上されていた「生口」と同様なものと誤認して記述した可能性が高く、『魏志』倭人伝中の「生口」の記述を根拠に古代日本（倭）に奴隷が存在したと主張することはできないものと考える。

妻子を没収するという刑罰記事だが、次に示すようにきわめて簡略なものである。

〔三国志魏書東夷伝倭人条〕

其犯法、軽者没其妻子、重者滅其門戸宗族。

其れ法を犯さば、軽きは其の妻子を没し、重きは其の門戸宗族を滅ぼす。

この記事は、犯罪の軽重により妻子の没収か、門戸宗族の皆殺しか、が区別されたと解される場合もあると思われるが、大化前代の事例に照らしてみるならば、妻子を献上し赦される場合と、赦されず皆殺しにされる場合があった、ということを表記したものと考えるべきであろう。どのような犯罪が軽く、どのような犯罪が重いかが明示されていないこともあり、この記事での軽重は犯罪の軽重ではなく、処罰の軽重と考えられる。『魏志』倭人伝の妻子没収記事は、表3にみえる贖罪のため人身を献上（逆の立場からみると「没収」）したケースと同様なものであり、没収された妻子は奴隷化したわけではないと考えられる。

以上の検討により、『魏志』倭人伝中の「奴婢」が奴隷を意味するものとは限らず、奴隷が存在したという確証もないことを明らかにすることができたものと思う。

2 『隋書』東夷伝倭国条の「奴婢」

『隋書』東夷伝倭国条（以下、『隋書』倭国伝と略称する）には、一箇所だけ「奴」の記載がみられる。

〔隋書東夷伝倭国条〕

其俗、殺人強盗及姦、皆死。盗者計贓酬物、無財者没身為奴。自余軽重、或流或杖。

其の俗、殺人・強盗及び姦は、皆死。盗は贓を計りて物を酬ひしめ、財無ければ身を没して奴と為す。自余軽重にて、或は流し或は杖す。

井上光貞氏は、ここに記された倭国の刑罰には中国的な刑罰の影響がみられるとするが、果たしてそうだろうか(33)。死・流・杖の刑罰が中国の五刑に対応しているとされているが、井上氏自身認められているように、これらの刑罰は倭国でより古い起源を有することなどを根拠とされているものであり、中国の五刑の影響で成立したものではない。また、石尾芳久氏が指摘されているように、中国刑罰で特徴的な徒刑が入っていないことからも左袒することはできない(34)。この刑罰記事は、中国人が自らの刑罰観にもとづいて倭国の刑罰を記述していることから、中国的な刑罰の説明になっているだけで、実態としては倭国古来の固有法にもとづく刑罰と考えられる(35)。

「身を没して奴と為す」という記述は、犯罪を処罰する側からの見方であり、犯罪者の側から記述するならば、我が身（親族や配下の場合もあるだろう）を献上するということになろう。盗罪を犯し、その贖罪のために人身を献上した事例は、書紀にもみえるところであり（表3の13・14など）、そうした事例によれば、『隋書』倭国伝に記された「奴」も実際には奴隷を意味するものではなかったと考えられる。これもまた、没収（献上）された人々は「奴婢」にされるものだという中国人の先入観による記述と考えてよいであろう。

『魏志』倭人伝、『隋書』倭国伝という中国史料中の「奴婢」記事について検討したが、書紀など日本（倭）側の史料と照らしあわせてみると、どちらにおいても中国人という外国人による見方・先入観が反映しているものであることが明らかになった。両史料中の「奴婢」を根拠に、大化前代に奴隷が存在したとすることはできないものと考える。

結語

本章では、大化前代の「奴婢」史料を再検討し、その実態の解明を目指した。その結論として、倭語の「ヤツコ」と漢語の「奴婢」の間には意味的に大きな懸隔が存在することを明らかにすることができたと思う。中国で生まれた「奴婢」という用語は奴隷の意味をもったが、日本（倭）では「ヤツコ」という言葉の漢字表記として用いられた。「ヤツコ」には様々な用法・意味があり、そのため「奴婢」という言葉も色々な用法・意味をもつことになった。そのなかで、大化前代の王族・豪族の私的支配を受ける人々を指す用法もあったが、それらの人々は朝廷支配下の「公民（オホミタカラ）」の存在形態と基本的な差異は認められず、奴隷とは考えられない存在であった。また、中国史料にみられる「奴婢」も奴隷の存在を示す証拠とはなり得ないことを明らかにした。

奴隷的な境遇に置かれた人々はどの時代にも存在するが、日本（倭）の大化前代には奴隷という社会的な集団・階層は存在しなかったのではないだろうか。倭語の「ヤツコ」と漢語の「奴婢」との懸隔とは、日本と中国の社会の発展過程の違い、社会構造の異質さを意味するものといえるだろう。

これまで「奴婢＝奴隷」という理解が続いてきた理由として、倭語を漢語で表現する際の意味のズレ、中国人の倭国風俗・法制に対する誤解にもとづく記録、という史料上の問題が十分認識されてこなかったことがあると思われる。もとより本章も先入観から全く免れているとはいえず、思わぬ偏見・誤解を含んでいることを惧れる。諸賢のご批正を仰ぐものである。

註

（1）例えば、高校の日本史教科書である『詳説日本史』（山川出版社、二〇一二年）三三頁の記述など。

（2）瀧川政次郎「奴の字と夜都古の語義」（『増補日本奴隷経済史』名著普及会、一九八五年、初出一九二二年）などを参照。なお、本章では中国唐代の奴婢身分を奴隷の典型とし、牛馬や資財と同様に売買・相続の対象とされ、婚姻をはじめ様々な活動・生活の自由を奪われ、主人の命令に絶対服従しなければならない存在と考える。唐代の奴婢身分については、濱口重國『唐王朝の賤人制度』（東洋史研究会、一九六六年）などを参照。

（3）これまでの研究においては、主として大化前代の奴婢が賤人身分であったかどうかが問題とされ、奴隷かどうかは問題とされてきていないように思われる。大化前代の「奴婢」についての研究史については、神野清一「律令賤民制の前史」（『律令国家と賤民』吉川弘文館、一九八六年）を参照。

（4）瀧川前掲註（2）論文を参照。

（5）「ヤツコ」の語義に関する研究史は、昭和以前の研究史については、瀧川前掲註（2）論文、その後の研究史については神野前掲註（3）論文などを参照。また、吉田孝「ヤケについての基礎的考察」（井上光貞博士還暦記念会編『古代史論叢』中巻、吉川弘文館、一九七八年）は、「ヤツコとは本来、ヤの仕事に従事する人の意であったと想定される」（四〇三頁）と述べられていることに注意したい。

（6）平野邦雄「大化前代の奴婢」（『大化前代社会組織の研究』吉川弘文館、一九六九年）などを参照。

（7）本居宣長『古事記伝』巻七、神代五之巻・男御子女御子御詔別の段。

（8）中田薫「可婆根（姓）考」（『法制史論集』第三巻下、岩波書店、一九六四年、初出一九〇五・〇六年）。

（9）註（7）に同じ。平野前掲註（6）論文も参照。

(10)『日本国語大辞典（縮刷版）』（小学館、一九八一年）の「きみ【君・公】」の項を参照。
(11) 瀧川政次郎「主と奴」（『増補日本奴隷経済史』名著普及会、一九八五年、初出一九二八年）を参照。
(12) 義江明子「日本古代奴婢所有の特質」（『日本古代の氏の構造』吉川弘文館、一九八六年、初出一九八〇年）一一〇頁。
(13) 武烈天皇条の官婢記事だが、この時代には官奴婢制度は存在しておらず、武烈の残虐さを強調するための創作的な記事か、事実をかなり脚色した記事と思われ、事実そのものとは考えがたい。武光誠「日本律令と良賤制」（『日本古代国家と律令制』吉川弘文館、一九八四年）、神野前掲註（3）論文なども参照。
(14) 表3で取り上げた事例については、長谷山彰「日本古代の賠償制と固有法」（『日本古代の法と裁判』創文社、二〇〇四年、初出一九九三年）が詳しく検討している。長谷山氏はこれらの事例に中国を中心とする東アジア法の影響を認められているが、本稿では本文に述べるように固有法の性格が強いと考えている。
(15) 大化前代ではないが、律令制以前に「奴」が武力として活躍した例としては、壬申の乱において、大井寺の奴徳麻呂ら五人が大伴吹負軍の先鋒として戦った例がある。『日本書紀』天武天皇元年（六七二）七月是日（癸巳）条を参照。
(16) 平野前掲註（6）論文、義江前掲註（12）論文を参照。
(17) ヤケについては、吉田前掲註（5）論文を参照。
(18) 書紀・雄略天皇十四年四月条には、犯罪発覚後、抵抗して戦って、敗れ、殺された根使主の子孫が部民や負嚢者にされたことが記されている。
(19) 関晃「古代日本の身分と階級」（『関晃著作集第四巻　日本古代の国家と社会』吉川弘文館、一九九七年、初出一九六三年）を参照。
(20) 唐戸婚律29以妻為妻条の疏議に、「婢為主所幸、因而有子。即雖無子、経放為良者、聴為妾」とある。
(21) 神野清一「律令賤民制の成立過程」（同前掲註（3）書）を参照。
(22) 武光前掲註（13）論文を参照。
(23)「部曲」に「ウヂヤツコ」という訓がみられるのは、書紀・安閑天皇元年閏十二月壬午条である。

（24）北康宏「大王とウヂ」（『岩波講座日本歴史』第二巻（古代二）、岩波書店、二〇一四年）を参照。

（25）律令制的な姓の成立は庚寅年籍であり、それ以前の氏名や部名を冠した呼称は律令制下の姓とは異なるものであることはいうまでもない。加藤晃「我が国における姓の成立について」（坂本太郎博士古稀記念会編『続日本古代史論集』上、吉川弘文館、一九七二年）を参照。

（26）七世紀後半の斉明・天智期の史料（「法隆寺幡銘」）であるが、豪族の娘（「阿久奈弥評君女子」）や戸に編成された「公民」と思われる女性（「山部五十戸婦」）などと同じく、山部連公の奴が法隆寺に幡を奉献していたと解釈できるものがある。そのような解釈が正しいならば、大化から年代は多少降るが、大化前代の「奴婢」の存在形態をうかがわせる史料として注目される。なお、東野治之「法隆寺伝来の幡墨書銘」（『日本古代金石文の研究』岩波書店、二〇〇四年、初出一九九五年）は、「古代の奴婢の実態をいかにみるにせよ、奴がこのような幡を施入したというのは不自然と思われ、また文の構成上からも次のように読むのが至当と考える」（二九九・三〇〇頁）として、銘文中の「奴」を名の一部と解している。狩野久「額田部連と飽波評」（『日本古代の国家と都城』東京大学出版会、一九九〇年、初出一九八四年）、新川登亀男「法隆寺幡銘管見」（田村圓澄先生古稀記念会編『東アジアと日本　宗教・文学篇』吉川弘文館、一九八七年）なども参照。

（27）中国唐代の賤人については、濱口前掲註（2）書を参照。

（28）書紀・垂仁天皇三十二年七月朔己卯条、清寧天皇元年十月朔辛丑条、大化二年三月甲申条などを参照。なお、『播磨国風土記』飾磨郡貽和里条に雄略天皇の時代の殉葬が記され、「婢」と馬が殉葬されたことが記されているが、「婢」の実態は「つかひめ（使女）」であり、中国的な教養による文飾的な記載と考えられる。

（29）中国における奴隷殉葬については、白川静「殷代の殉葬と奴隷制」（『立命館大学人文科学研究所紀要』二、一九五四年）などを参照。

（30）「生口」については、『魏志』倭人伝以外にも、『後漢書』東夷伝倭条の安帝永初元年（一〇七）に倭国王帥升等が「生口」百六十人を献じたことが記されている。

（31）拙稿「生口」（武光誠編『邪馬台国辞典』同成社、一九八六年）を参照。

(32) 本書第七章「藤原仲麻呂と女楽」を参照。
(33) 井上光貞「隋書倭国伝と古代刑罰」(『井上光貞著作集第二巻　日本古代思想史の研究』一九八六年、初出一九七六年)を参照。
(34) 石尾芳久「井上光貞氏「隋書倭国伝と古代刑罰」について」(『古代の法と大王の神話』木鐸社、一九七七年)を参照。
(35) 流罪の固有法的な性格については、利光三津夫「流罪考」(『律令制の研究』慶応通信、一九八一年、初出一九八〇年)を参照。

第二章　律令賤人制の構造と特質

序　言

中国唐朝と古代日本の律令制下の良人、そして本章で扱う賤人などの諸身分が国家的身分であったことは、現在では斯界の常識といって差し支えないことと思う[1]。国家的身分である以上、その身分が国家にとってどのような必要性をもったか、またはその身分が国家の支配体制の維持・安定にどのような機能を果たしたのか（または果たすことを期待されたのか）、という国家がその身分を設定した理由・目的こそまず問題にしなければならないと考える。

しかし、かかる視点からの日本の律令賤人制（なお、日本史研究では「賤人」ではなく、「賤民」と表記することが一般的である）にかかわる研究は意外に少なく、代表的なものとしては石母田正氏の「古代の身分秩序」と神野清一氏の一連の研究しか挙げえないのではないだろうか[2]。両氏の研究は、日本の律令国家における賤人身分の必要性と役割を縦横に論じており、啓発される所が少なくない。しかしながら、両氏の述べられた日本の律令賤人制の特質が、国法である律令法にほとんど反映していないなど疑問点も少なくない。日本の律令法は、唐の律令法を継受したものだが、日本社会の実情、支配層の必要性などに応じて改変を加えたものである以上、賤人制の特質も当然律令規定の上に反映されたと考えるべきであろう。国法たる律令法に規定されない国家的身分などはありえないのだから、日本の律令賤人制の特質も律令規定を通じて解明されなければならないと考える。そこで本章では、日唐律令の賤人規定の比較により、この問題の解明を目指したいと思う。

一　賤人制の構造と特質

唐代の賤人制においては、官賤人ならば「太常音声人――雑戸――官戸（工楽戸）――官奴婢」、私賤人ならば「部曲客女――私奴婢」といった階層的な上下関係が存在したとされる(3)。ただし、唐代前半においては、開元の制のような官賤人の解放規定における「雑戸←→官戸←→官奴婢」といった上下の位置づけが定まっていなかった可能性があり、唐代を通じて同じ制度であったとは断定できない(4)。

日本の賤人制でも、唐の賤人制をモデルとして作られたということで、唐と同様な階層的な身分秩序が存在したものと考えられてきている。しかしながら、日唐の律令規定を仔細に比較検討してみるならば、日本の賤人諸身分間においては上下の階層性は希薄なのではないかと思われる点が少なくない。

例えば、賤人への口分田支給規定であるが、唐の官賤人はその身分の階層的秩序に従って口分田の支給額が変えられている。すなわち、雑戸は「老免進丁受田、依百姓例(5)」、官戸は「受田、随郷寛狭、各減百姓口分之半」と規定され(6)、官奴婢には基本的に口分田が支給されなかったのである。それに対し、日本の官賤人は、次に示す田令の規定では一律同額の口分田が支給されることになっており、官戸と官奴婢の間に差別はない。

〔日本養老田令27官戸奴婢条〕
凡官戸奴婢口分田、与良人同。家人奴婢、随郷寛狭、並給三分之一。
凡そ官戸・奴婢の口分田は、良人と同じ。家人・奴婢は、郷の寛狭に随ひて、並に三分が一給へ。

唐制では、この口分田支給額の多寡は身分によって異なる労働義務負担の軽重とも対応している。

〔唐六典巻六都官郎中員外郎条〕
凡配官曹、長輸其作、番戸雑戸、則分為番。（番戸一年三番、雑戸二年五番、番皆一月。十六已上、当番請納資者、亦聴之。其官奴婢長役無番也）。
凡そ官曹に配し、長く其の作を輸す、番戸・雑戸は、則ち分けて番を為せ。（番戸は一年に三番、雑戸は二年に五番、番は皆一月なり。十六已上は、番に当たりて資を納れむことを請はば、亦聴せ。其れ官奴婢は長役無番なり）。

すなわち、長役無番の官奴婢には口分田耕作の余裕がないため、口分田の支給はされず、その代わりとして、次の規定のように公糧が支給されることになっていた。

〔宋天聖倉庫令唐8条〕
諸官奴婢皆給公粮。其官戸上番充役者亦如之。並季別一給、有贌随季折。
諸そ官奴婢は皆公粮を給へ。其れ官戸上番して役に充てば亦之の如くせよ。並びに季別に一たび給ひ、贌有らば季に随ひて折せよ。

官奴婢の上級身分の官戸（番戸ともいう）は一年のうち三ヵ月間、さらにその上の雑戸は二年のうち五ヵ月間と労働義務が軽減されているため、上番していない期間は基本的に口分田耕作による自給生活が可能であり、それぞれ良人の口分田の半分、良人と同額の口分田が支給されることになっていたのである。それに対して、日本の官奴婢と官戸には労働義務を定めた規定も確認できず、その区別もあったのか不明である。なお、次の雑令の規定によれば、官戸・官奴婢の区別なく充役期間のみ公糧を支給されることになっていたと思われる。(7)すなわち、官奴婢も官戸も長役無番ではなく、充役期間以外は口分田耕作による自給自活を前提していたと考えられる。日本の官奴婢と官戸に対する口分田同額支給は、身分間の待遇差・階層性の希薄さを示していると考えてよいものと思われる。

〔日本養老雑令33充役条〕

凡官戸奴婢充役者、本司明立功課案記。不得虚費公粮。

凡そ官戸奴婢役に充てば、本司明らかに功課を立てて案記せよ。虚しく公粮を費すこと得じ。

なお、口分田支給は形式的なものであり、日本の官賤人は全て公粮を支給されたという意見もあるが、(8)後述する村常奴婢・宮奴婢といった日本の奴婢の存在形態を考慮していないものであり、令意を曲解したものといえる。「家人奴婢、随郷寛狭、並給三分之一」という家人・私奴婢への口分田同額支給規定も、同様に家人・私奴婢間の階層性の希薄さを示していると思われる。

このような身分間の階層性の希薄さは、「官戸奴婢」「家人奴婢」というように二つの身分を連称、ないしひとまとめにして規定するという日本令の傾向にも示される。『唐令拾遺』はこうした日本令の特性を無視して、本来の復旧史料には「奴婢」としかないのにもかかわらず、対応する日本令で「家人奴婢」とあれば「部曲客女」をわざわざ補って復旧するという誤りを犯している。(9)例えば、唐復旧戸令三九条の当色婚規定では、良人の女性との通娶を許された「部曲」を復旧するのは明らかな誤りであるし、(10)唐復旧戸令四二条（開元二五年令）の「放部曲客女奴婢」の部分は、復旧史料もまた永徽戸令同条の申明の勅と考えられる顕慶二年（六五七）十二月勅も「放奴婢」となっていることから、[11]「部曲客女」は削除すべきであろう。こうした『唐令拾遺』で意補した部分については、日唐令を比較する際、十分注意が必要である。次に示す唐復旧戸令四六条では、奴婢と部曲客女の良人との詐称婚姻について、各身分ごとに個々規定しており、「良人—部曲客女—（私）奴婢」という身分間の差異が意識されている。

〔唐令拾遺戸令四六条〕

諸奴婢、詐称良人、而与良人及部曲客女、為夫妻者、所生男女、不知情者、並従良及部曲客女。知情者従賤。即部曲客女、詐称良人、而与良人、為夫妻者、所生男女、亦従良。知情者、従部曲客女。皆離之。其良人及部曲客女、被詐為夫妻、所生男女、経一載以上不理者、後雖称不知情、各同知情法。如奴婢等逃亡、在別所、詐称良人者、従上法。

諸そ奴婢、詐りて良人と称して、良人及び部曲客女と、夫妻と為て、生めらむ所の男女、情を知らずは、並に良及び部曲客女に従へよ。情を知らば賤に従へよ。即し部曲客女、詐りて良人と称して、良人と、夫妻と為て、生めらむ所の男女、亦良に従へよ。情を知らば、部曲客女に従へよ。皆離て。其れ良人及び部曲客女、詐られて夫妻為て、生めらむ所の男女、一載以上を経て理さざれば、後に情を知らずと称すると雖も、各情を知るの法と同じ。如し奴婢等逃亡して、別所に在りて、詐りて良人と称さば、上法に従へよ。

これに対応する日本令の規定は、養老戸令42為夫妻条である。

〔日本養老戸令42為夫妻条〕

凡官戸、陵戸、家人、公私奴婢、与良人為夫妻、所生男女、不知情者、従良。皆離之。其逃亡所生男女、皆従賤。

凡そ官戸、陵戸、家人、公私の奴婢、良人と夫妻と為て、生めらむ所の男女、情を知らずは、良に従へよ。皆離て。其れ逃亡して生めらむ所の男女は、皆賤に従へよ。

日本令の規定では「官戸、陵戸、家人、公私奴婢、与良人、為夫妻、……」と官私の賤人諸身分をひとまとめにして規定してしまうなど、賤人諸身分間の差違があまり考慮されておらず、「良人」と「賤」の区別しかされていないように思われる。

また、日本の律令中では、条文によって官戸と陵戸の順序が入れかわっている場合がみられる。先掲の養老戸令42条では、官戸が陵戸の上に位置づけられているが、養老賊盗律18移郷条や同戸令35当色為婚条では「陵戸、官戸、家人、（公私）奴婢」と逆に陵戸が官戸の上に置かれている。このことは、日本律令編纂者が陵戸と官戸の上下関係を厳密に考えていなかったことを示している。

このような日本の賤人制における非階層性は、日本の賤人身分の特質そのものによるものと考えられる。日唐の賤人身分の違いは、次にあげる規定のように主人と私賤人との関係に端的に示される。

〔唐令拾遺喪葬令二一条〕(12)

諸身喪戸絶者、所有部曲客女奴婢店宅資財、並令近親、（親依本服、不以出降、）転易貨売、将営葬事、及量営功徳之外、余財並与女。（戸雖同資財、先別者、亦准此。）無女均入以次近親、無親戚者、官為検校。若亡人存日、自有遺囑処分、証験分明者、不用此令。

諸そ身喪して戸絶えらば、有てらむ所の部曲客女・奴婢・店宅・資財は、並びに近親（親は本服に依り、出降を以てせず）をして転易・貨売せしめ、将に葬事を営み、及び功徳を量り営まむとする外、余財は並びに女に与へよ。（戸は資財を同じくすると雖も、先に別せば、亦此に准ぜよ。）女無ければ次を以て近親に均しく入れ、親戚無ければ、官検校を為よ。若し亡人の存日に、自ら遺囑処分有りて、証験分明ならば、此の令用ゐじ。

〔日本養老喪葬令13身喪戸絶条〕

凡身喪、戸絶無親者、所有家人奴婢及宅資、四隣五保、共為検校。財物営尽功徳。其家人奴婢者、放為良人。若亡人存日処分、証験分明者、不用此令。

凡そ身喪して、戸絶えて親無くは、有てらむ所の家人奴婢及び宅資は、四隣五保、共に検校為よ。財物は功徳に営み尽せ。其れ家人奴婢は、放して良人と為よ。若し亡人の存日に処分して、証験分明ならば、此の令用ゐじ。

身喪戸絶、すなわち、私賤人の主人の家が死絶した場合、唐令では部曲客女は転易、[13]私奴婢は貨売とそれぞれの身分に応じてその処置が区別されている。それに対して日本令では、家人奴婢ともに放賤従良と同一の処置がとられ、先述したように身分的差別がない。さらに本条では、唐令では主人の一家が死絶し親族がいない場合でも、それによって私賤人の身分が変更されることがないのに対し、日本令では主人一家が死絶し親族がない場合は私賤人はその身分から解放されるという、日唐の賤人身分の違いをはっきりと示している。

唐令における私賤人は、主家の戸絶で賤身分を消失することはなく、それはただ新たな主人をもつことを意味するにすぎない。彼らは、主家が戸絶しても、転易、貨売によっていわば不特定多数の主人に仕えなければならない可能性があるのであって、そうした賤身分とは、良人一般に対して意味をもつ普遍的な身分といえる。それに対して日本の私賤身分とは、特定の主人（一族）への譜第隷属を規定される一方、[14]その主人（一族）の死亡が賤身分の消失を意味するという非普遍的なものであったといえる。同様なことは、次の賤人と良人との姦行為に対する唐日両令の規定の違いにも示される。

〔唐令拾遺戸令四七条〕

諸良人相姦、所生男女随父。若姦雑戸官戸、他人部曲妻客女、及官私婢、並同類相姦、所生男女、並随母。即雑戸官戸部曲、姦良人者、所生男女、各聴為良。其部曲及奴、姦主緦麻以上親之妻者、若奴姦良人者、所生男女、各合没官。

諸そ良人の相姦して、生めらむ所の男女は父に随へよ。若し雑戸・官戸、他人の部曲妻・客女、及び官私の婢を姦し、並びに同類相姦さば、生めらむ所の男女は、並びに母に随へよ。即し雑戸・官戸・部曲、良人を姦さば、生めらむ所の男女は、各良と為すを聴せ。其れ部曲及び奴、主の緦麻以上の親の妻を姦さば、若しくは奴の良人を姦さば、生めらむ所の男女は、各没官すべし。

〔日本養老戸令43奴姧主条〕

凡家人奴、姧主及主五等以上親、所生男女、各没官。

凡そ家人・奴、主及び主の五等以上の親を姧して、生めらむ所の男女は、各没官。

唐令では、主人だけでなく良人一般に対して奴が姦を行ったならば、その間に生まれた子どもは没官されるという規定なのに対し、日本令では、家人奴がとくに主人とその五等以上の親族に対して姦を行った場合だけに限定されているのである。このことは、日本の私賤身分が特定の主人一族との関係においてのみ意味をもつものであって、それ以外の良人一般に対しては意味をもたない身分であったことを示している。このような身分であったからこそ、日本の古代賤人は社会的に差別されることがなく、良賤通婚も盛んに行われたものと考えられる。

このような日本の私賤身分の非普遍性——特定の主人との個別・固定的関係——は、官賤身分にもあてはまると思われる。

〔唐開元二十五年賊盗律一八殺人移郷条〕

諸殺人応死、会赦免者、移郷千里外。其工楽雑戸、及官戸奴、幷太常音声人、雖移郷、各従本色。（部曲及奴、出売及転配事千里外人。）若群党共殺、止移下手者及頭首之人。若死家無期以上親、或先相去千里外、即習天文業已成、若婦人有犯、及殺他人部曲奴婢、並不在移限。（部曲奴婢自相殺者亦同。）違者、徒二年。

諸そ人を殺して死すべきが、赦に会ひて免されば、千里外に移郷せよ。其れ工楽・雑戸、及び官戸・奴、幷びに太常音声人は、移郷すると雖も、各本色に従へ。（部曲及び奴は、千里外の人に出売及び転配事せよ。）若し群党して共に殺せらば、止下手の者、及び頭首の人を移せよ。若し死家に期以上の親無からむ、或いは先に千里外に相ひ去らむ、即しくは天文を習ひ業已に成らむ、若しくは婦人犯有らむ、及び他主の部曲・奴婢を殺せらば、並に移する限に在らず。（部曲・奴婢、自ら相ひ殺せらば、亦同じ。）違へらば、徒二年。

〔日本養老賊盗律18移郷条〕

凡殺人応死、会赦免者移郷。若群党共殺、止移下手者及頭首之人。若死家無父子、祖孫、伯叔、兄弟、或先他国、雑戸及陵戸、官戸、家人、奴婢、若婦人有犯、或殺他主家人奴婢、並不在移限。（家人奴婢自相殺者亦同。）違者、徒一年。

凡そ人を殺して死すべきが、赦に会ひて免されば、移郷せよ。若し群党して共に殺せらば、止下手の者、及び頭首の人を移せよ。若し死家に父子・祖孫・伯叔・兄弟無からむ、或いは先より他国ならむ、雑戸及び陵戸・官戸・家人・奴婢、若しくは婦人、犯有らむ、或いは他主の家人・奴婢を殺せらば、並に移する限に在らず。（家人・奴婢、自ら相ひ殺せらば、亦同じ。）違へらば、徒一年。

移郷とは、赦によって死罪を免れた殺人犯を、殺された者の親族からの復讐を受けることを防ぐため、その居地を強制的に移す措置である[15]。唐律では賤人もその身分のまま移郷されることになっているが、日本律では雑戸と賤人は移郷されないことになっている。唐律では賤人を特定の主人（官賤人の場合は官司）、特定の場所に固定させることをせず、その身分に普遍性を付与させているのに対し、日本律ではその全く逆に雑戸・賤人を特定の主人（官司）や場所に固定させ、身分を限定させ、普遍性が失われているといえるだろう。ともかく、日本においては、雑戸と官賤人も一定の官司・場所への結びつきが固定された非普遍的な存在であったことがわかる。

唐令には、日本令にはない行宮、監牧や諸王・公主らに官奴婢（司農之戸）を賜給する次の規定が存在した[16]。

〔開七〕諸行宮与監牧及諸王・公主応給者、則割司農之戸以配。（一）（三）（二）

日本令でこの規定を削除したのも、こうした官賤人と特定の官司、場所との固定的関係によるものと考えられる。

以上述べてきたように、日本の賤人身分は唐とは大きく異なり、身分間の階層性が希薄で、特定の主人（官司）などとの結びつきの強い個別・固定的（非普遍的）な身分であった。この身分の特質は、後述するように、律令制以前の一般に部民制とか氏族制と呼ばれる個別的な従属奉仕関係を基本とするタテ割り的な支配関係を色濃く残したものであったと考えられる[16]。なぜ、このような部民制的な関係が律令賤人制に残存したのかということについては、節を改めて述べることにしたい。

二　賤人制の本質

日唐の賤人制の構造・身分の性格の違いは、当然、日唐の賤人制の成り立ち[18]、またその支配体制において付与された役割・意義といった本質的な違いに根ざしたものと思われる。それでは、そもそも日唐の賤人制には、どのような本質的差違があるのであろうか。この問題を考えるにあたっては、その制度的な違いが明らかな官賤制の比較を中心に述べることにしたい。

日唐の官賤制の違いを最も端的に示すのは、両国の官賤管理官司の違いであろう。唐における官賤管理官司は刑部尚書下の都官であり、日本では宮内省被管の官奴司であった[19]。唐代の官賤制については、濱口重國氏が述べられたように「飽くまで国家の懲罰制度として、或る種の犯罪者や、国家に對する重罪人の近縁者を官に没収して、子孫長く官賤人として懲役すると云うことに本質が在」ったわけであり[20]、そのために犯罪者の処罰を行う刑部尚書下に官賤管理官司の都官が置かれたのである。それに対して日本の場合、官賤管理官司の官奴司は、刑罰を扱う刑部省の被官ではなく、天皇や皇室に関する庶務を担当した宮内省の下にあったのであり、日本の官賤制の本質が唐のような国家の懲罰制度といった点になかったことを推測させる。このような違いは、令における官賤人の規定のあり方にも違いを生んでいる。すなわち、唐では独立して規定されていた反逆縁坐によって没官された官奴婢の解放規定を、日本令では反逆縁坐以外の官賤人の解放規定の注に取り込むという改変が行われており、懲罰制度としての性格の希薄さを示している[21]。

確かに日本でも賊盗律1条により謀反および大逆犯の家族や私賤人が没官され官賤人にされた実例が存在しており[22]、懲罰制度としての機能が全くなかったということはできないだろう。しかし、日本の賊盗律の縁坐没官の適用範囲は唐に比べ大いにせばめられており[23]、また没官したとしてもすぐに移配して良人に戻すなど制度上副次的な機能であったと思われる[24]。

唐代の官賤人は、基本的には犯罪者もしくは重大犯の親族・私賤人が没官された者であったが、日本の官賤人の主体をなしたのは、皇室の譜第隷属民であったと思われる。彼らはもともと大和盆地各地に点在した諸宮付近の村に居住し、随時宮の維持のため労働力を提供していたが、藤原京成立後は在村のまま召しに応じて宮城に赴き様々な雑仕に従事し、以前同様内廷経済を支える重要な役割を果たしていたのである。(25)彼らは、譜第的に隷属し在村したヤツコとして「村常奴婢」と呼ばれ、都城に居住した新しいタイプの「今奴婢」と区別された。(26)律令制定者が念頭に置いた官賤人は、先述した口分田支給規定や充役時のみの給粮規定から考えて、常時給粮される今奴婢ではなく、口分田耕作が可能な在村の村常奴婢であったことは間違いないであろう。要するに日本の律令官賤制は、村常奴婢と呼ばれた皇室の譜第隷属民を以前同様に内廷経済維持のための専用の労働力として利用するため、彼らを官賤身分として固定確保することに本質があったと考えられるのである。それ故、内廷の庶務を扱う宮内省下に官奴司を設置したと理解できるのである。

私賤人については、すでに義江明子氏が明らかにされているように、その中核となったのは氏賤《ウヂヤツコ》という大化前代以来のウヂなどの豪族層の経営拠点＝ヤケ（宅）の譜第隷属民であった。(27)この場合も、ヤケという豪族層の勢力基盤の維持を図るため、その譜第隷属民を賤人として固定確保しようとした制度であったといえるであろう。

日本の律令賤人制度は、官私ともに律令制以前からの支配層の経済基盤を維持するため、その譜第隷属民を身分的に固定したものといえるであろう。それ故、先述したような律令制以前の部民制的な支配関係が残存し、唐とは全く異なった身分構造や特質をもつに至ったと考えられるのである。

三　日唐の良賤制の違い

もとより唐における賤人制は、良賤制という身分体系の一部にすぎない。良賤制とは、国家の礼的支配秩序を維持するための身分制度であり、良人はその秩序内の存在であって、賤人はその外の存在とされる[28]。例えば、唐の官賤制には、犯罪などにより礼的支配秩序を乱す者から良人身分を奪い、官賤人として懲罰を行い、礼的秩序を維持するという役割があったのである。私賤人もこうした礼的秩序から排除されていたことは、彼らが「罪人」や「盗賊」の子孫と考えられていたことや[29]、「徳性の劣ったマナーの悪い者」と意識されていたことに示されている[30]。

唐の官賤制は国家の礼的秩序維持のための懲罰制度という点に本質があったわけだが、それに対して日本の官賤制では刑罰機能は副次的なものにすぎなかった。このことは、日本の賤人制の賤という用語が、礼的理念と無関係であったことを予想させる。礼的秩序を乱す犯罪者こそが賤人の本義であり、礼的秩序を守る者が良人であるといった中国的な良賤の区別は、日本では本質的な意味をもたなかったのではないだろうか。それでは、礼的理念なき日本の良賤区分とはどのような意味をもったのであろうか。ここでこの問題を考えるにあたって、唐の規定を大幅に修正した日本の戸令官奴婢条の内容・意義について考えてみたいと思う。

養老戸令38官奴婢条の解釈については第三章で論じているので[31]、史料の引用の次にその結論のみ示すことにする。

〔日本養老戸令38官奴婢条〕

凡官奴婢年六十六以上及癈疾、若被配没令為戸者並為官戸至年七十六以上、並放為良。（任所楽処附貫。反逆縁坐、八十以上、亦聴従良。）

凡そ官奴婢の年六十六以上及び癈疾ならむ、若しくは配没せられて戸を為さしめば並に官戸と為して年七十六以上に至りなば、並に放して良と為よ。（任に楽はむ所の処に、貫に附けよ。反逆縁坐、八十以上ならむは、亦良に従ふること聴せ。）

本条は注の部分を除くと「官奴婢の六十六歳以上ないし癈疾の者と、官戸（配没されて戸を為した者）で七十六歳以上の者は、解放され良人となる」と解釈できると思われる。冒頭の「凡」の次の官奴婢は、その後の「配没」の語がかからないことから、配没により官賤身分とされた没官奴婢やそのうち戸を為した官戸などとは違う、律令制定時にすでに存在している皇室の譜第隷属民であった村常奴婢を主に意味しているものと考えられる。私の解釈によれば、彼らは六十六歳以上ないし癈疾となれば、良人として解放されるのであり、これはまさに一般公民男子の免課役の条件と同じことになる(32)。彼らは、普段は在村生活を行い、良人と同額の口分田を耕作し、官の召し出しがあった時は出仕して労役に従事し、その労役義務も公民と同じく六十六歳までであったということになれば、存在形態としてはほとんど一般公民と変わらなかったことになる(33)。日本の律令制定者が官奴婢条に規定した配没によらない官奴婢とは、唐の官奴婢とは全く異質な存在であり、存在形態としては公民に近い存在であったと思われる。

賤人とされたのは、あくまでも支配層のミヤやヤケという勢力基盤を維持するために一般公民とは違った労役を義務づけられた人々であった。陵戸も、陵墓守衛という特殊な労役負担のため、制度的必要から賤人身分とされたと考えられる(34)。雑戸は、一般に良人と考えられているが、特殊技術民として官司に直属させられ身分を固定されていることを考えれば、むしろ賤人身分と同質な存在といえるであろう(35)。それ故、唐では官賤人の呼称である雑戸という名称が付されたものと考えられる。

日本における良賤の区別とは、その和訓に示されるように、国家（天皇）に対し律令制的な公課を負担するオホミタカラと特定の主人（官司）に特殊な奉仕を義務づけられたヤツコの区別であったといえるのではないだろうか(36)。

結　語

本章では、律令規定の比較を通して、唐と日本の賤人制度の違いを明らかにしてきた。その結論を改めてまとめ直すと、以下の通りになる。

1．唐の賤人身分が場所・相手を問わず意味をもつ普遍的な身分であったのに対し、日本の賤人身分は特定の官司・主人との関係が固定的な、個別的・非普遍的な身分であった。

2．唐の賤人諸身分間には上下の階層差が明確に存在するのに対し、日本の賤人諸身分間の階層性は希薄であり、縦割り（並列的）な性格がみられる。

3．唐の賤人制は礼的秩序維持のためのものであり、とりわけ官賤制においては犯罪者など礼的秩序外の存在を懲罰することに本質があった。それに対し、日本の賤人制度は礼的理念とは無関係であり、公課を負担する公民＝良人（オホミタカラ）と区別される特定の主人（官司）に特殊な奉仕を義務づけられた隷属民（ヤツコ）を身分的に固定するためのものであったと考えられる(36)。

4．日本の賤人制度が唐のものを手本としながら、上記のような相違を生んだのは、律令制以前からの支配層の経済基盤を維持するために、譜第隷属民を身分的に固定するという目的で大幅な改変を加えたことによる。それ故、主人（官司）との個別・固定的な関係、賤人諸身分の階層性の希薄な縦割り的関係といった律令制以前の部民制・氏族制的な性格が残存することになったと考えられる。

註

（1）西嶋定生「中国古代奴婢制の再考察――その階級的性格と身分的性格――」（『西嶋定生東アジア史論集　第五巻　歴史学と東洋史学』岩波書店、二〇〇二年、初出一九六一年）、石母田正「古代の身分秩序」（『石母田正著作集　第四巻　古代国家論』岩波書店、一九八九年、初出一九六三年）。

（2）石母田前掲註（1）論文、神野清一『律令国家と賤民』（吉川弘文館、一九八六年）、同「天武十年紀の天下大解除と祓柱奴婢」（初出一九八〇年）、同「日本古代社会と賤民」（『日本古代奴婢の研究』名古屋大学出版会、一九九三年）、同『卑賤観の系譜』（吉川弘文館、一九九七年）。

（3）唐代の賤人制に関する代表的な研究としては以下のものがある。玉井是博「唐の賤民制度とその由来」（『支那社会経済史研究』岩波書店、一九四二年、初出一九二九年）、瀧川政次郎「唐代奴隷制度概説」（『支那法制史研究』有斐閣、一九四〇年）、濱口重國『唐王朝の賤人制度』（東洋史研究会、一九六六年）。中国での研究としては、李季平『唐代奴婢制度』（上海人民出版社、一九八六年）、王永興『隋唐五代経済史料彙編校注　第一編上』（中華書局、一九八七年）、張沢咸『唐代階級結構研究』（中州古籍出版社、一九九六年）、李天石『中国中古良賤身份制度研究』（南京師範大学出版社、二〇〇四年）などがある。

（4）本書附篇一「『新唐書』百官志の官賤人記事について」で述べているように、貞観令の段階では官戸が番戸と雑戸の総称であり、開元の制とは大きく異なっていたことが知られる。

（5）『唐律疏議』巻三名例律二〇条府号官称条疏義、『宋刑統』巻二名例律府号官称条疏義。なお、『唐令拾遺』は、本規定を復旧唐田令二五条としている。

（6）〔宋天聖田令唐29条〕

諸官戸受田、随郷寛狭、各減百姓口分之半。其在牧官戸、奴、並於牧所各給田十畝。即配戍鎮者、亦於配所準在牧官戸、奴例。

（7）『令義解』『令集解』ともに倉庫令を欠失しているため、日本令に天聖倉庫令唐8条に相当する日本令の規定は不明であるが、武井紀子「日本倉庫令復原研究の現在」（『弘前大学国史研究』一三八、二〇一五年）が詳細に検討を加えている。

（8）井上辰雄「但馬国正税帳をめぐる諸問題」（『熊本史学』三四、一九六八年）。

（9）仁井田陞『唐令拾遺』（東京大学出版会、一九八三年、初版一九三三年）。

（10）滋賀秀三「名例」（『訳註日本律令』五、東京堂出版、一九七九年）二九五頁、註1。本書附篇二「唐戸令当色為婚条をめぐる覚書」および第五章「日唐戸令当色為婚条について」も参照。

（11）顕慶二年十二月勅は、『唐会要』巻八十六奴婢に収載されている。申明の勅については、菊地英夫「唐代史料における令文と詔勅文との関係について―「唐令復原研究序説」の一章―」（『北海道大学文学部紀要』三二、一九七三年）を参照。

（12）本条については、天聖喪葬令宋27条にほぼ同文がみられるが、宋令の文末にある「即別勅有制者、従別勅」が唐令に存在したかは疑問である。呉麗娯「唐喪葬令復原研究」（天一閣博物館・中国社会科学院歴史研究所天聖令整理課題組校証『天一閣蔵明鈔本天聖令校証　附唐令復原研究』中華書局、二〇〇六年）も参照されたい。

（13）部曲客女の転易については、唐復旧戸令四五条を参照。

（14）例えば、養老戸令23応分条では氏賤、同40家人所生条では家人の譜第隷属が規定されている。

（15）利光三津夫・堀毅「復讐・移郷考」（『法史学の諸問題』慶応通信、一九八七年）。

（16）『唐令拾遺』では復旧されていないが、以下の根拠により復旧してよいと思われる。なお、収載された令の篇目については、現在のところ断案はない。

一〔唐六典巻六都官郎中員外郎条〕

凡諸行宮与監牧及諸王公主応給者、則割司農之戸以配。

二〔新唐書巻八三万安公主伝〕

万安公主、天宝時爲道士。……主不下嫁、亦封千戸、有司給奴婢如令。

三〔新唐書巻四十八、百官志司農寺条〕

官戸奴婢行宮監牧及賜王公、公主皆取之。

參考一

〔唐会要巻六公主雑録〕天宝七載（七四八）、皇女道士万安公主出就金仙観安置。賜実封一千戸、奴婢、所司准公主例給付。

(17) 石母田正『日本の古代国家』（岩波書店、一九七一年）第二章。

(18) 唐の賤人制の成り立ちについては、堀敏一「中国古代における良賤制の展開―均田制時代における身分制の成立過程―」（『均田制の研究』岩波書店、一九七五年）、同『中国古代の身分制――良と賤』（汲古書院、一九八七年）、尾形勇「身分制的秩序と国家秩序」（原題「良賤制の展開とその性格」『中国古代の「家」と国家』岩波書店、一九七九年、初出一九七〇年）などを参照。

(19) 唐の刑部尚書都官郎中は「官奴婢簿籍」（『通典』巻二十三職官五）、日本の官奴正は「官戸奴婢名籍」（養老職員令49条）を職掌としている。なお、古瀬奈津子「律令官制成立史についての一考察――日唐職員令に於ける職掌字句の比較――」（『日本古代王権と儀式』吉川弘文館、一九九八年、初出一九八二年）表―(2)も参照。

(20) 濱口前掲註(3)書一七六頁。

(21) 本書第三章「日唐官賤人の解放規定について」を参照。

(22) 『続日本紀』天平十三年（七四一）正月甲辰条。

(23) 山本節子「没官に関する一考察――良賤制との関連において――」（『東洋文化』六〇、一九八〇年）。

(24) 〔続日本紀、天平宝字四年（七六〇）三月辛未条〕

没官奴二百卅三人、婢二百七十七人、配雄勝柵、並従良人。

(25) 石上前掲註(24)論文、鬼頭清明「藤原宮跡出土の官奴婢関係木簡について」（『木簡研究』創刊号、一九七九年）。

なお、この記事の解釈については、石上英一「官奴婢について」（『史学雑誌』八〇―一〇、一九七一年）を参照。

(26) 石上前掲註(24)論文、鬼頭前掲註(25)論文。

(27) 義江明子「日本古代奴婢所有の特質」（『日本古代の氏の構造』吉川弘文館、一九八六年、初出一九八〇年）。

(28) 西嶋前掲註（1）論文、尾形前掲註（18）論文。
(29) 尾形前掲註（18）論文。
(30) 池田温「中国古代の奴婢観」（『中村治兵衛先生古稀記念東洋史論叢』刀水書房、一九八六年）。
(31) 註（21）を参照。
(32) 養老戸令5戸主条、同6三歳以下条。
(33) 先掲の養老戸令42為夫妻条において、唐とは異なり、日本の官賤人が良人と夫妻になり得る可能性を想定しているのも、官奴婢（官賤人）が宮城内・官庁内に隔離されておらず、一般公民と同じ空間・社会に生活していたためであろう。
(34) 利光三津夫・長谷山彰「陵戸制に関する一考察」（『法史学の諸問題』慶応通信、一九八七年、初出一九八四年）。
(35) 義江明子氏は、「律令制下では良身分に含まれる雑戸、あるいは貴族の近侍者たる資人等もその前身形態としてはヤッコに連なる要素を多分に持つ、と考えられる」とされる（「家族論と氏研究――関口裕子氏の研究をめぐって――」（義江前掲註（27）書、四三七頁）。雑戸が良身分かどうかは別として、従うべき見解と思う。また、雑戸の身分的性格については、狩野久「品部雑戸制の再検討」（『日本古代の国家と都城』東京大学出版会、一九九〇年、初出一九六〇年）も参照のこと。
(36) オホミタカラ（良人）とヤツコ（賤人）の違いに姓の有無があるが、加藤晃「我が国における姓の成立について」（坂本太郎博士古稀記念会編『続日本古代史論集』上、吉川弘文館、一九七二年）は、姓を与えられた「律令制国家の良人身分とは、天皇に対して「臣民（ヤッコ）」として奉仕する関係にあるものとして設定された身分である」（四三四頁）と述べている。
(37) ヤツコについては、本書第一章「ヤツコと奴婢の間」を参照。

第三章　日唐官賤人の解放規定について

序　言

日唐律令制下の官賤人には、私賤人と異なり、一定の年齢・疾病などの条件を満たすと、その身分から解放（変更）される規定が存在した[1]。官賤人の解放規定は、唐においては官奴婢・官戸・雑戸、日本においては官奴婢・官戸に存在しており、身分ごとに解放の条件は異なった。この解放規定は官賤人諸身分の相互の関係性を示すものであり、官賤制の構造を解明する手がかりとなるものである。これまでも、官賤人の解放規定にもとづき、官賤人の関係性・構造に言及する研究は少なくなく、唐においては「官奴婢→官戸→雑戸」、日本においては「官奴婢→官戸」という階層的な身分構造が存在したというのが通説となっている[2]。

筆者もかつてこの問題について検討を加え、唐代前期および日本では官賤人は並列的な身分構造であったのではないかという通説とは異なる見解を提示したことがある[3]。しかし、史料解釈の不十分さ、行論の不手際、論証不足の点もあり、吉野秋二氏・稲田奈津子氏からご批判を受けることとなった[4]。そこで、改めて官賤人の解放規定を検討し直し、日唐官賤制の構造・特質について論じることにしたい。

一　唐代官賤人の解放規定

これまで唐代の官賤人の解放規定として取り上げられてきたのは、次の『唐六典』の記事である（括弧内は注文）。解放規定は本来唐令に規定されていたものだが、『唐六典』に掲載されるにあたって、字句や表現が多少改められていると考えられる。なお、『唐六典』の規定の元になった唐令の年代は開元七年令と思われるが、その後の改制を受けた規定である可能性もある。(5)

〔唐六典巻六都官郎中員外郎条〕

凡反逆相坐、没其家為官奴婢。（反逆家男女及奴婢没官、皆謂之官奴婢。男年十四以下者、配司農。十五已上者、以其年長、命遠京邑、配嶺南為城奴。）一免為番戸、再免為雑戸、三免為良人、皆因赦宥所及則免之。（凡免、皆因恩言之、得降一等、二等、或直入良人。諸律令格式有言官戸者、是番戸之総号、非謂別有一色。）年六十及廃疾、雖赦令不該、並免為番戸、七十則免為良人、任所居楽処而編附之。

凡そ反逆に相坐さば、其の家を没して官奴婢に為せ。（反逆の家の男女及び奴婢は没官、これを官奴婢と謂ふ。男の年十四以下は、司農に配せ。十五已上は、其の年長を以て、命じて京邑を遠ざけ、嶺南に配して城奴に為せ。）一免して番戸と為し、再免して雑戸と為し、三免して良人と為すに、皆赦宥の及ぶ所に因りて則ち免ぜよ。（凡そ免は、皆恩言に因り、一等、二等を降す、或は直ちに良人に入るるを得。諸そ律令格式に官戸と言ふ者有らば、是れ番戸の総号にして、別に一色有るを謂ふに非ず。）年六十及び廃疾は、赦令に該らずと雖も、並びに免じて番戸と為し、七十になれば則ち免じて良人と為し、任に居する所は楽ふ処にて編附せよ。

主文を中心にその内容を確認するならば、次のようになるだろう。なお、注文に官戸は番戸の総号とあることによって、一般に番戸は官戸と同じ存在とされているので、ここではそのように解しておく。(6)

謀反・大逆罪の縁坐として没官された家族（および奴婢）は、官奴婢となす。一度免じて番戸とし、再度免じて雑戸とし、三度免じて良人とするが、皆赦宥（赦令）のおよんだ（該当した）際に免じるのである。年令が六十歳および廃疾になった際には、赦令に該当しなくとも、並びに免じて番戸とし、七十歳になったらば良人とし、居住希望する場所の戸籍に登録しなさい。

この規定により、官賤民には、官奴婢→番戸（官戸）→雑戸→良人という解放過程が存在し、雑戸を最上位、番戸（官戸）を中位、官奴婢を最下位とする階層的な上下関係を構成していたとされる。しかし、この解釈は、あくまでも『唐六典』の記述に従ったものである。

先に述べたように、『唐六典』所載のこの規定は唐令そのものではなく、改変が加えられているので、記載に誤りや省略が存在する可能性がある。(7)例えば、『唐六典』の記載のままに解釈するならば、反逆縁坐で没官され官奴婢とされた人々は、七〇歳で良人に解放されたことになるが、これは次の賊盗律の規定に矛盾する。

〔唐賊盗律一謀反大逆条〕

諸謀反及大逆者、皆斬。父子年十六以上皆絞。十五以下及母女妻妾（子妻妾亦同）祖孫兄弟姉妹、若部曲資財田宅並没官。男夫年八十及篤疾、婦人年六十及廃疾者並免。（後略）

諸そ謀反及び大逆せらば、皆斬。父子の年十六以上は皆絞。十五以下及び母女・妻妾（子の妻妾も亦同じ）・祖孫・兄弟・姉妹、若しくは部曲・資財・田宅は並びに没官。男夫の年八十及び篤疾、婦人の年六十及び廃疾は並に免せ。（後略）

律の規定によれば男性は八十歳未満は縁坐が適用され、没官されることになるわけだから、『唐六典』のように律の規定よりも十歳も下の七十歳で解放するとしたら、律と令の整合性がとれないことになる。後掲の日本令の解放規定でも、反逆縁坐の解放年令は八十歳となっていることから、唐令でも八十歳未満で解放する規定ではなかったと思われる(8)。

それでは、『唐六典』の「七十」という年令記載は単純に「八十」の誤りとしてよいかというと必ずしもそうではないように思われる(9)。これまでは、『唐六典』の解放規定は、全て反逆縁坐で没官された官奴婢のものと考えられてきていたが(10)、「年六十」以下の後半の規定が前半の規定とつながらないように思われる。すなわち、前半では番戸（官戸）から雑戸を経て良人になる解放過程が規定されているのに対し、後半では番戸（官戸）から直接良人に解放される規定となっているのである。日本令では反逆縁坐とそれ以外の没官された官賤人の解放規定が区別されていることを参考にするならば、『唐六典』の解放規定の後半部分は反逆縁坐以外の官奴婢の解放規定の可能性があるのではないだろうか。

『唐六典』の解放規定の前半と後半の内容が食い違っているということでは、前半部分の「皆赦宥の及ぶところに因って則ち免ず」およびその注文「凡そ免は皆恩言に因る」という記述も問題となるであろう。免は皆恩言（赦宥）によるということであれば、解放規定後半部分の年令や病疾を条件として免されるという記述と齟齬をきたすと思われる。後半部分の規定は「赦令に該せずと雖も、並びに免ず」とあるように、恩言（赦宥・）＝赦令とは無関係に解放する規定であり、前半部分とは反する内容である。以上、二、三の矛盾点を示したように、前半と後半では内容的に相容れない規定であり、別個の規定と考えるべきであろう(11)。

唐の官賤人の発生源は、反逆縁坐だけではなく、戦争捕虜、私鋳銭犯の家口、良賤間所生男女などの没官、そして皇帝の専断により律規定とは別に行われる没官があった[12]。それ故、官賤人の解放規定は、反逆縁坐のケースだけ設ければよいということではなかったはずである。反逆縁坐以外の理由で官賤人とされた人々は、最も重大な犯罪とされた反逆罪の縁坐で官奴婢にされた人々に比べれば、懲役期間が短縮されて早く解放されたと考えてよいだろう。そのように考え得るならば、『唐六典』の解放規定の後半部分が、「七十」歳を解放年令としているのは、反逆縁坐以外の官賤人の解放規定とみなしてよいものと思う。

『唐六典』の解放規定の後半部分を、前半部分と切り離して考える上で参考になるのが、次の史料である。

〔唐会要巻八十六奴婢〕

顕慶二年十二月勅、放還奴婢為良及部曲客女者、聴之。皆由家長手書、長子已下連署、仍経本属申牒除附。諸官奴婢年六十已上及廃疾者、並免賤。

顕慶二年十二月勅すらく、「奴婢を放還して良及び部曲・客女に為すは、聴せ。皆家長の手書に由り、長子已下連署せば、仍ち本属を経て申牒して除附せよ。諸そ官奴婢の年六十已上及び廃疾は、並に賤を免ぜよ。」

この顕慶二年（六五七）十二月勅は、令の規定の順守を命じる申明の勅とされるもので、勅文に記された規定は令文と考えられる[13]。実際、この勅の前半の私奴婢の解放に関する手続き規定は、唐戸令の逸文と合致することから令文であることは間違いない。同様に後半の官奴婢の解放規定も、この時期の唐令（永徽令）規定と考えられる。この令文に規定される官奴婢は、とくに反逆縁坐という限定がみえないことから、それ以外の官奴婢を広く指すものと考えられる。そして、その解放の条件として、『唐六典』の解放規定の後半にみえる「年六十已（以）上及び廃疾」と同じ条件が規定されていることが注意される。このような令文の存在から、『唐六典』の解放規定の後半部分も、依拠した唐令の冒頭には「諸官奴婢」の字句が存在したものと推察される。ただし、問題となるのは、顕慶二年勅は「年六十已上及廃疾ならば、並びに賤を免ぜよ」と規定が簡略となっており、『唐六典』のように官奴婢から番戸を経て良人になる規定となっていないことをどう理解するかである。これについては、顕慶二年時（永徽令）には官奴婢は六十歳ないし廃疾になれば、直接良人に解放されていたが、『唐六典』編纂時（開元七年令）には官奴婢は番戸を経て良人に解放されるように規定変更が行われたものと考える。(14)

以上の考察の結果は、次のようにまとめることができる。『唐六典』の官賤人の解放規定は、二つの令文の規定からなっており、一つは反逆縁坐によって没官された官奴婢の解放規定であり、もう一つは反逆縁坐以外の官奴婢の解放規定である。唐令の復原案として示すと、左のようになる。(15)

〔開七〕諸反逆相坐、没其家為官奴婢、（反逆家男女及奴婢没官、皆謂之官奴婢、男年十四以下者、配司農、十五已上者、以其年長、命遠京邑、配嶺南為城奴、）一免為番戸、再免為雑戸、三免為良人、皆因赦宥所及則免之、（凡免、皆因恩言之、得降一等、二等、或直入良人、諸律・令・格・式有言官戸者、是番戸之総号、非謂別有一色、）

（一二）

一〔唐六典巻六都官郎中員外郎条〕凡反逆相坐、没其家為官奴婢、（反逆家男女及奴婢没官、皆謂之官奴婢、男年十四以下者、配司農、十五已上者、以其年長、命命、唐会要作令、遠京邑、配嶺南為城奴、奴下、唐会要有也字、）一免為番戸、再免為雑戸、三免為良人、皆因赦宥所及則免之、（凡免、皆因恩言之、得降一等、二等、或直入良人、諸律令格式有言官戸者、是番戸之総号、非謂別有一色、）

二〔唐会要巻八十六奴婢〕旧制、凡反逆相坐、没其家為官奴婢、（反逆家男女及奴婢没官、皆謂之官奴婢、男年十四已下者、配司農、十五已上者、以其年長、令令、唐六典作命、遠京邑、配嶺南為城奴也也、唐六典無、）一免為番戸、再免為雑戸、三免為良人、皆因赦宥所及則免之、（凡免、皆因恩言之、得降一等、二等、或直入良人、諸律令格式

有言官戸者、是（是、静嘉堂抄本無、）番戸（番戸下、静嘉堂抄本等有雑戸、）之総号、非謂別有一色、）

〔開七〕諸官奴婢、年六十及廃疾、（一二）雖赦令不該、並免為番戸、七十則免為良人、任所居楽処而編附之、（二）

一〔唐会要巻八十六奴婢〕顕慶二年十二月勅、……諸官奴婢年六十已上及廃疾者、並免賤、

二〔唐六典巻六都官郎中員外郎条〕年六十及廃疾、雖赦令不該、並免為番戸、七十則免為良人、任所居楽処而編附之、

二つの解放規定が収められた令の篇目だが、日本令の官賤人解放規定が戸令に収載されていることから、唐令でも戸令であった可能性がある。しかし、日本と唐とでは官賤制の設置の目的が異なり、日本が譜代隷属民の身分固定を目的にしていたのに対し、唐では犯罪者の懲罰を目的としていたことから、唐令の官賤人の解放規定は獄官令など他の篇目であった可能性もあるだろう(16)。

二　古代日本官賤人の解放規定

日本の官賤人の解放規定は、唐令と異なり、二条ではなく、次の戸令官奴婢条の一条にまとめられている。なお、日本令は浄御原令、大宝令、養老令と三度編纂されたが、官奴婢条については、大宝令と養老令は同文であったとされる(17)。

〔日本養老戸令38官奴婢条〕

凡官奴婢年六十六以上及癈疾、若被配没令為戸者並為官戸至年七十六以上、並放為良。（任所楽処附貫。反逆縁坐、八十以上、亦聴従良。）

凡そ官奴婢の年六十六以上及び癈疾ならむ、若しくは配没せられて戸を為さしめば並に官戸と為して年七十六以上に至りなば、並に放して良と為よ。（任に楽はむ所の処に、貫に附けよ。反逆の縁坐、八十以上ならむは、亦良に従ふることを聴せ。）

本条は、唐令の規定を参考にして作成されたことは一見して明らかであるが、先に復原した唐令は開元七年令であって、日本令が手本とした永徽令ではないことに注意する必要がある。(18) それ故、復原唐令と日本令を比較するにあたって、両者の違いが日本令での改変点なのか、永徽令と開元七年令の違いなのか、慎重に判断する必要がある。まず、両令の本文のみを比較すると、相違点として次の六点を指摘できる。

①　唐令では反逆縁坐とそれ以外の官賤人の解放については別々に規定されている。それに対し、日本令では反逆縁坐により没官された場合の解放規定を簡略化し、反逆縁坐以外の官奴婢・官戸の解放規定の注文に改め、(19) 二条となっていた規定を一条にまとめている。(20)

②　唐令には雑戸が存在するが、日本令には存在しない。

③　唐令にある「雖赦令不該」という部分が、日本令には存在しない。

④　日本令には、唐令にはない「若被配没令為戸者」という部分がある。

⑤　解放条件となる年齢が、唐令では六十歳、七十歳であるのに対し、日本令はそれぞれ六十六歳、七十六歳となっている。

⑥　日本令では、「並為官戸」という部分だけでなく、「並放為良」の部分にも「並」字が記されている。

①については、永徽令においても反逆縁坐とそれ以外の官賤人の解放規定が別々に存在していたと考えられるので、解放規定を一条にまとめたのは日本令での改変と考えられる。(21) ②については、そもそも日本の雑戸は官賤人とされて

いないことから、日本令での改変である。③については、顕慶二年勅にみえる永徽令には「雖赦令不該」がみえないことから、その後の改制によるものと考えられる。(22)④については、唐の官賤人は基本的に国家に配没された存在であって、「若しくは配没されて、戸を為さしむれば」という記述の前提には「配没」されない官賤人もいたことを意味し、唐の官賤制にはそぐわないものである。したがって、後述のように「配没」されない官賤人の存在した日本の官賤制にあわせた改変ということになるだろう。⑤については、日本の丁中制（年齢区分）にあわせるために、唐令の六十歳を六十六歳に改めたものと考えられ、七十歳もそれにあわせて七十六歳にずらしたものと想定される。⑥については、日本令において「放為良」の前に「並」字が存在することは、「放為良」の対象が複数存在することを意味し、官戸から良人へという唐令の解放過程とは別の解放のあり方を表していると思われる。以上の検討の結果、③以外の唐日令の相違点は、日本令で改変したことによるものと判断される。これら改変点をふまえた上で、官奴婢条を解釈する必要があるだろう。

本条の解釈については、かつて私見を提示したが、現在もその解釈で基本的に正しいと考えている。(23)表現不十分な点などを多少修正し、改めてその解釈を次に示す。

官奴婢の六十六歳以上ないし癈疾の者、もしくは配没されて戸を成さしめて官戸と為した者で七十六歳以上は、並びに解放して良人とする（恣に願う所に本貫を定めて戸籍に附けなさい。反逆縁坐〔で配没された者〕の場合は、八十歳以上になったならば、また良人とすることを許しなさい）。

この解釈については、吉野秋二氏からは、次のようなご批判を頂いた。(24)

「並為官戸」の「並」は（a）（b）両句（「年六十六以上及廃疾」と「若被配没令為戸者」の両句―榎本補）を受けているのであり、榎本の解釈は成立しえない。榎本は、東大寺に施入された官奴婢の中に、施入後、六十六歳以上になったことを理由に直ちに従良された者が存することを論拠とするが、これも無理がある。確かに東大寺への施入にあたっては官奴婢条の適用が条件として付されたが、条文の厳密な適用を図ると、施入官奴婢が六六歳以上になるごとに寺籍から抜いて官戸とせざるをえない。かかる運用上の問題を回避するため、直ちに従良したに過ぎない。

吉野氏のご批判の要点は、「並為官戸」の「並」の解釈と東大寺に施入された官奴婢の解放条件にある。まず、「並」が「年六十六以上及廃疾」と「若被配没令為戸者」の両句を受けているという吉野氏の解釈は、あくまでも一つの解釈であり、必ずしもそうとは断定できないものと考える。「配没されて戸を為さしめた場合は、並びに（全て）官戸とする」と解釈することも可能と考える。「並」の解釈ということでは、むしろ「放為良」の前の「並」の解釈の方こそ問題にすべきであろう。先に指摘したように、唐令にはなかったと思われる箇所に「並」字を補った日本令の改変の意図こそ考えるべきであろう。「並びに」ということでは、七十六歳以上の官戸以外に何が解放されるのかを考える必要がある。私見では、官奴婢の六十六歳以上ないし廃疾になった者をもう一つの解放の対象と解釈した。この点、実際に官奴婢が六十六歳以上ないし廃疾で良人に解放された実例として、東大寺に施入された官奴婢の事例を挙げることができる。次に示すように、天平勝宝二年（七五〇）に東大寺に官奴婢・島宮奴婢を施入した際、施入した奴婢は官奴婢に准じて令の規定によって解放（放賤従良）することが命じられているのである。

〔天平勝宝二年二月廿六日付太政官符(25)〕

太政官符治部・宮内省

施奉大和国金光明寺奴婢弐佰人（奴百人、婢百人）

官奴婢一百十七人（奴六十六人、婢五十一人）

島宮奴婢八十三人（奴卅四人、婢卌九人）

歴名如前

以前、奉去年十二月廿七日　勅称、上件奴婢等、施奉金光明寺。其年至六十六已上及癈疾者、准官奴婢、依令施行。雖非高年、立性恪勤、駈使無違、衆僧矜情欲従良者、依願令免。凡寺尓入訖奴婢者、以指毛指犯佐奴毛乃止云。然此奴婢等、依感尓可還賜牟、何尓毛加久尓毛将用賜牟、不在障事止宣、又外今買充奴婢亦准此者。省宜承知、依　勅施行。今以状下。符到奉行。

天平勝宝二年二月廿六日

太政官符す　治部・宮内省

大和国の金光明寺に奴婢弐百人（奴百人、婢百人）を施し奉る。

官奴婢一百十七人（奴六十六人、婢五十一人）

島宮奴婢八十三人（奴三十四人、婢四十九人）

歴名前の如し。

以前、去年十二月二十七日の勅を奉るに称へらく、「上件の奴婢等を、金光明寺に施し奉る。其の年六十六已上に至る及び癈疾は、官奴婢に准じて、令に依りて施行せよ。高年に非ずと雖も、立性恪勤にして、駈使に違ふこと無く、衆僧矜情もて良に従はせむと欲さば、願に依りて免ぜしむ。『凡そ寺に入れ訖る奴婢は、以て指も指し犯さぬものと云ふ。然して此の奴婢等は、感に依りて還し賜はむべく、何にも加久にも将に用ゐ賜むとするに、障る事在らず』と宣る。又外に今買ひ充つる奴婢も亦此に准ぜよ」てへり。省宜しく承知して、勅に依りて施行すべし。今状を以て下す。符到らば奉行せよ。

天平勝宝二年（七五〇）二月二十六日

そこで、東大寺施入官奴婢の解放（放賤従良）事例を集め整理したものが、「表　東大寺奴婢放賤記事一覧」である。全二十一名の奴婢（奴七名・婢十四名）の解放事例となるが、その放賤の理由は年満（六十六歳以上）が二名（三名の可能性もあり）、廃疾が一名、恩勅が八（十名の可能性もあり）名、その他一名、理由不明なものが六名（九名の可能性もあり）であり、全ての奴婢が良人に直接解放されている。年満・廃疾の奴婢が直接良人に解放されていることから、東大寺施入奴婢が準拠した官奴婢の令規定は、六十六歳以上および廃疾となれば、直接良人に解放されるものであったと理解できるであろう。

しかし、この東大寺施入官奴婢の解放事例に対して、吉野氏は「条文の厳密な適用を図ると、施入官奴婢が六六歳以上になるごとに寺籍から抜いて官戸とせざるをえない。かかる運用上の問題を回避するため、直ちに従良したに過ぎない」と述べられるが、「かかる運用上の問題を回避するため」云々という見解は憶測にすぎない。また、「条文の厳密な適用を図ると、施入官奴婢が六六歳以上になるごとに寺籍から抜いて官戸とせざるをえない」というのも、官奴婢は六十六歳以上になれば官戸となるという自論を前提とした解釈であって、証明されていない自論を前提とする論理展開は認めがたい。そもそも東大寺に施入された官奴婢には令文の厳密な適用が図れないということであれば、官奴婢施入に際して、あえて「其年至六十六已上及廃疾者、准官奴婢、依令施行」という条件を付す必要はなかったのではないか。このような解放条件を付したということは、その履行が可能であると判断されたからであろう。また、仮に吉野氏の論理の前提を認めるにしても、太政官符で命じられたことに東大寺が従わず、勝手な運用を図っていたことになり、かなり乱暴な解釈と思われる。次に示す治部省牒は表の2にみえる婢美気女（美気売）・小楓女（小楓売）

表　東大寺奴婢放賤記事一覧

	放賤年月日	奴婢名	年齢	放賤理由	典　拠
1	天平勝宝2年2月26日	（佐伯）伊万呂	48	恩勅	「太政官符」 『大日本古文書』25–1～2
2	天平勝宝3年2月8日	（日下部）美気女 （大和）小楓女	67 61	年満 廃疾	「治部省牒案」 『大日本古文書』11–476～477 「従良奴婢注文」 『大日本古文書』25–2
3	？	（笠間）弟妹女	66?	年満？	「従良奴婢注文」 『大日本古文書』25–2～3
4	天平勝宝7年10月25日	（凡河内）縄万呂 （刑部）持万呂 （刑部）気万呂 （阿刀）鮑女 （山辺）針間女 （市公）黒女 （刑部）酒屋女	60 50 48 34 56 49 34	恩勅 恩勅 恩勅 恩勅 恩勅 恩勅 恩勅	「従良奴婢注文」 『大日本古文書』25–3 「東大寺三綱牒」 『大日本古文書』4–181・182
5	天平宝字8年12月23日	（阿刀）松実女 （阿刀）小松女	22 20	恩勅？ 恩勅？	「従良奴婢注文」 『大日本古文書』25–3
6	宝亀2年10月25日	大名女 真庭女 狭野女 月足女 真敷 倉人女	58 53 53 48 48 53	？ ？ ？ ？ ？ ？	「従良奴婢注文」 『大日本古文書』25–3～4
7	？（6と同じか）	吉万呂	69	年満	「従良奴婢注文」 『大日本古文書』25–4
8	延暦11年12月28日	広前	52	恪勤非懈、駈使合心	『東大寺要録』巻10 所引『日本後紀』佚文

（凡例）
1．本表は、石上英一「官奴婢について」（『史学雑誌』80-1、1970年）掲載表2「放賤従良者表」を参考にしているが、修正・加除を加えている。
2．典拠の『大日本古文書』の後ろの数字は、巻数–ページ数を示す。
3．奴婢名の（　）内は、放賤従良後の氏姓である。

の解放（放賤従良）を東大寺に命じたものであるが、東大寺三綱→僧綱→玄蕃寮→治部省→太政官と厳正な手順・手続きをふまえて、六十六歳已上ないし廃疾の婢が「官奴婢例」に準じて処分することが太政官により許可されたことが確認できる。(26) 二人がこの治部省牒により直ちに従良（良人に解放）されたことは、「従良奴婢注文」に「右二人、天平勝宝三年二月八日、依治部省牒従良」とみえる。(27)

〔天平勝宝三年二月八日付治部省牒案〕(28)

治部省牒東大寺

東大寺婢二人

婢美気売年六十七　婢小楓売年六十一（廃疾）

右、被太政官今月六日符称、得省解偁、玄蕃寮状云、僧綱牒云、専寺三綱状云、被官去十二月廿七日符偁、奉勅、上件婢等、其年至六十六已上及廃疾者、准官奴婢例者、謹請処分、官判依請者、宜承知准状施行者、寺宜承知。今以故牒。

天平勝宝三年二月八日従六位下行大録飛騨国造石勝

従五位上行少輔百済王元忠

治部省牒す　東大寺

東大寺の婢二人

婢美気売年六十七　婢小楓売年六十一（廃疾）

右、太政官今月六日の符を被るに称へらく、「省解を得るに称へらく、『玄蕃寮の状に云はく、〈僧綱の牒に云はく、《専寺三綱の状に云はく、[官の去る十二月二十七日の符を被るに称へらく、【勅を奉るに、上件の婢等、其の年六十六已上に至る及び廃疾ならば、官奴婢の例に准ぜよ】てへれば、謹むで処分を請ふ。」》』官判『請ひに依れ』てへれば、宜しく承知して状に准じて施行すべし」てへれば、寺宜しく承知すべし。今以て故に牒す。

天平勝宝三年（七五一）二月八日　従六位下行大録飛騨国造石勝

従五位上行少輔百済王元忠

以上、治部省牒など関連史料を確認する限り、吉野氏の解釈が成り立つ余地はなく、六十六歳ないし廃疾になれば、直接良民に解放されたという東大寺施入官奴婢の事例は令文通りの適用であったと素直に捉えるべきであろう。

続いて稲田奈津子氏のご批判だが、吉野氏の「並為官戸」の「並」字の解釈を支持された他、「仮に榎本氏の解釈に従うと、六十六歳以上七十六歳未満では官奴婢と官戸との間で身分の逆転が起きてしまう」ということと、同条の『令集解』の「義解・令釈とも、官奴婢→官戸→良人と解放されると理解している」ことを論拠として、筆者の解釈を否定されている。(29) まず、筆者の解釈では身分が逆転するという点については、稲田氏の誤解である。問題としている官奴婢条の規定を文章通りに読む限り、官奴婢には「配没」の語がかかっておらず、「配没」された者である官戸とは来源が区別されていると考えざるを得ない。それ故、筆者は、官奴婢（皇室の譜第隷属民の系譜を引く官賤民）と官戸（配没された官賤人、すなわち没官されて奴婢とされた者（没官奴婢）のうち戸をなさしめた者）とは身分として並列的な存在であって、両者の間には直接的な上下関係はないと考えている。したがって、官奴婢が六十六歳で解放され、官戸が七十六歳で解放されるということは、身分の逆転を意味しない。

『令集解』諸説の法解釈については、稲田氏は義解と令釈の説のみを取り上げて批判されたが、より重要なのは古記の解釈であろう。なぜならば、義解と令釈が成立した平安初期にはすでに官賤制の実態が失われており、古記のみが官賤制が現実に機能していた時代の法解釈だからである[30]。官奴婢条に付された古記は、次のように三箇所に分けて記されている。

①古記云、若被配没為戸。謂、賊盗律、謀反大逆者之父子及謀叛者、並没官。合徒三年。和銅四年十月廿三日格云、私鋳銭者、従者没官。此等官戸也。

古記に云はく、「『若しくは配没せられて戸を為す。』謂ふこころは、賊盗律、『謀反・大逆者の父子及び謀叛者は、並に没官。』徒三年とすべし。和銅四年（七一一）十月二十三日の格に云はく、『私鋳銭者、従者は没官。』此等は官戸なり」と。

②古記云、問、私奴婢放為良者、従旧主姓部。未知、官奴婢放為良、若為処分。答、随情願。但不得高氏部耳。

古記に云はく、「問ふ、私奴婢の放されて良と為らば、旧主の姓部に従ふや。未だ知らず、官奴婢の放されて良と為らば、いかに処分せむ。答ふ、情願に随ふなり。但し高き氏部を得ざるのみ」と。

③古記云、注反逆縁坐八十以上亦聴従良。謂、上云、謀反大逆者之父子没為官戸者、須八十以上聴従良。以外至七十六以上、並放為良也。

古記に云はく、「注『反逆縁坐八十以上も亦聴して良に従へよ。』謂ふこころは、上に云はく、『謀反・大逆者の父子は没して官戸と為せ』てへれば、須く八十以上は聴して良に従へよ。以外は七十六以上に至らば、並に放して良と為すなり」と。

①と③では、没官されたものが官戸となると説明しており、官奴婢の六十六歳以上ないし廃疾の者が官戸となると解釈していないことは明白である。また、②では官奴婢の解放後の氏姓を問題としているが、官奴婢から直接良人に

解放されると解しており、ここでも官奴婢から官戸になることは想定されていない。こうした解釈は、古記のみの特別なものではなく、当時の公文書の目録の書式からも裏づけることができる。

〔令集解公式令82案成条〕

凡案成者、具条納目。（謂、（中略）仮令、刑部納目云、一条以其甲配流其処。一条没入其甲以為官戸之類也。釈云、（中略）仮如、刑部成案条納目云、一条配流其甲其処。一条没入其乙為官戸之類。（後略）

凡そ案成りたらば、具に納目を条にせよ。（謂ふこころは、「（中略）たとへば、刑部納目に云はく、『一条、其の甲を以て其の処に配流す。一条、其の甲を没入して官戸と為す』の類なり。」釈に云はく、「（中略）たとへば、刑部、案を成して納目を条して云はく、『一条、其の甲を其の処に配流す。一条、其の乙を没入して官戸と為す』の類なり。（後略）

ここでは、刑部省の書庫に保管された公文書の案文の目録の書き方について、義解と令釈が具体的に説明しているが、どちらも甲ないし乙を没官し官戸となすという内容で説明している。公文書の目録の書式であることから、当時の公的・正式な法的措置であったと考えてよいだろう。すなわち、没官された後、直ちに官戸とするのが当時の法制度であったのである。

以上、吉野氏・稲田氏のご批判に答える形で、関連史料を再検討してきた。その結果として、官奴婢は六十六歳以上ないし廃疾となれば、官戸となることなく、直接解放されて良人となること。そして、没官された者は直接官戸となることを確認できた。したがって、戸令官奴婢条の解釈は、先に示した筆者のものが正しいことになるだろう。同じ官賤人といえども、没官（配没）された犯罪者たる官戸と犯罪者ではない官奴婢（皇室の譜第隷属民の系譜を引く）の待遇が区別されるのは当然のことであり、ましてや官奴婢が官戸よりも低い地位にあったなどということはあり得ないことであろう。本章の最後に、日本の官賤人の解放過程を図1に示しておく。

〈皇室譜第隷属民↓〉官奴婢　↓　〈六六歳以上及廃疾〉　↓　良人
配没（↓没官奴婢）　↓　〈令為戸＝〉官戸　↓　〈七六歳以上〉　↓　良人
反逆縁坐（↓没官奴婢）　↓　〈八〇歳以上〉　↓　良人

図1　日本の官賤人の解放過程

結　語

唐と日本の官賤人の解放規定を比較して、共通する点として注意されるのは、同じく犯罪者として没官されて官賤人とされた場合でも、没官の原因が反逆縁坐とそれ以外では解放過程やその条件が異なるなど扱いが全く違うということである。唐日両国に共通して、反逆罪がそれだけ重大犯罪として位置づけられていたことを示していると思われる。

大きな相違点としては、反逆縁坐で没官された者の解放規定が、唐令では独立して一条をなしているのに対し、日本令ではその他の官賤人の解放規定の注文に取り込まれている点である。そのことは、唐代においては反逆縁坐によって没官されたものが官賤制度の中核をなす存在であったのに対し、日本においては逆に反逆縁坐以外の官賤人が中心にあって、反逆縁坐による官賤人は付属的な意味あいしかもたなかったことを示している。[31] そのことは、日本令において、配没によらない官奴婢を規定していることに関連しており、皇室譜第の隷属民に由来する官奴婢の占める大きさを反映したものといえるだろう。なお、上記の事情にもとづき、唐令で二条あった規定を一条にまとめ、皇室の譜第隷属民を官賤人に組み込むという大幅な改変を加えたため、日本の官奴婢条の構文は複雑化し、わかりづらい規定になってしまったということがあるだろう。

以上、唐日令における官賤人の解放規定について論じてきたが、吉野氏、稲田氏のご批判に答えるべく再検討した結果、多少なりとも考察を深めることができたのではないかと思う。両氏の学恩に感謝したい。

註

（1）唐代の太常音声人、工戸、楽戸、日本の陵戸も官賤身分であったが、彼らには解放規定は存在しなかった。また、唐代では官賤身分であった雑戸は、日本では官賤身分とはされなかった。なお、瀧川政次郎「放賤従良考」（『律令賤民制の研究』名著普及会、一九八六年、初出一九六七年）は、唐日賤人の解放に関連する史料を網羅的に取り上げており、有用である。

（2）唐代の官賤人については、玉井是博「唐の賤民制度とその由来」（『支那社会経済史研究』岩波書店、一九四二年、初出一九二九年）、瀧川政次郎「唐代奴隷制度概説」（『支那法制史研究』有斐閣、一九四〇年）、濱口重國『唐王朝の賤人制度』（東洋史研究会、一九六六年）などを参照。中国においても、李季平『唐代奴婢制度』（上海人民出版社、一九八六年）、王永興『隋唐五代経済史料彙編校注　第一編上』（中華書局、一九八七年）、張沢咸『唐代階級結構研究』（中州古籍出版社、一九九六年）、李天石『中国中古良賤身份制度研究』（南京師範大学出版社、二〇〇四年）などがある。

（3）拙稿「唐代前期の官賤制について」（『東洋文化』六八、一九八八年）。

（4）吉野秋二「良賤制の構造と展開」（『日本古代社会編成の研究』塙書房、二〇一〇年、初出一九九七年）、稲田奈津子「唐日律令賤民制の一考察―賤民間の階層的秩序について―」（『東方学』一〇五、二〇〇三年）を参照。

（5）拙稿「『唐六典』編纂の一断面」（小此木輝之先生古稀記念論文集刊行会編『歴史と文化』青史出版、二〇一六年）。

（6）本書附篇一「『新唐書』百官志の官賤人記事について」で明らかにしたように、開元以前には官戸は番戸・雑戸の総号であり、官戸＝番戸ではなかった時期（貞観令の段階か）もあった。

（7）『唐六典』巻六都官郎中員外郎条には、官賤人関係の規定が多く掲載されているが、その記事には誤りがある一例として、次に示す官賤人の休暇規定がある。

凡元、冬、寒食、喪、婚、乳免咸与其仮焉（官戸・奴婢、元日・冬至・寒食放三日仮、産後及父母喪・婚放一月、聞親喪放七日）。

ここには官賤人の婚假が規定されているが、天聖雑令により官賤人には婚仮がなかったことが明らかとなった。本書第五章「唐日戸令当色為婚条について」を参照。

（8）日本令の藍本であった永徽令の段階では、日本令と同じく反逆縁坐により没官された官奴婢の解放条件は「八十以上」であった蓋然性が高いと思われる。それが、『唐六典』の解放規定成立までに、恩赦のみによって解放されるように規定が改制されていたのではないかと推測される。『唐六典』の反逆縁坐の解放規定の注文には、「凡そ免は、皆恩言に因る」とあるように、年令や病気などの条件での「免（＝解放）」は想定されていないと考えられる。なお、この改制は、永徽令以後、『唐六典』の規定（開元七年令、もしくはその後の改制を受けている可能性もある）成立までの間と考えられ、必ずしも開元七年令で行われたとは断定できない。

（9）「七十」という官賤人の解放年令については、『唐会要』巻八十六奴婢に収載される大和二年（八二八）十月勅にも「今請諸司諸使、各勘官戸奴婢、有廃疾及年近七十者、請准各令処分」とみえる。なお、この勅文に記された「官戸奴婢」は反逆縁坐により没官された者たちではないだろう。

（10）仁井田陞『唐令拾遺』（東京大学出版会、一九八三年、初版一九三三年）以来、『唐六典』の官賤人解放規定は一条として理解されてきたように思われる。

（11）『唐会要』巻八十六奴婢の冒頭に旧制として、『唐六典』とほぼ同文の反逆相坐による官賤人の解放規定が掲載されているが、『唐六典』の解放規定の後半部分は掲載されていない。このことは、前半と後半が別規定である傍証とすることができるであろう。

（12）濱口重國「唐法上の没官」（同註（2）前掲書）、山本節子「没官に関する一考察―良賤制との関連において―」（『東洋文化』六〇、一九八〇年）などを参照。唐代後期になると地方官が奴婢を上貢することもあったが、それは本来のあり方ではなかった。

(13) 菊池英夫「唐代史料における令文と詔勅文との関係について――「唐令復原研究序説」の一章――」（『北海道大学文学部紀要』三二、一九七三年）を参照。

(14) 稲田氏は、顕慶二年勅の「免賤」は良人に解放されることを意味するのではなく、顕慶二年時にも『唐六典』と同様な解放規定が存在し、「並免為番戸」が省略されたと考えられている（稲田前掲註（4）論文）。しかし、唐代前期の官賤制は、開元の時期の制度と大きく異なっていたと考えられ、申明の勅であった顕慶二年勅には令規定が忠実に記されていたと考えられることから、顕慶二年時には官奴婢から直接良人に解放される規定であったと考える。

(15) 復原唐令およびその根拠の表示の仕方は、仁井田前掲註（10）書、および池田温編集代表『唐令拾遺補』（東京大学出版会、一九九七年）による。

(16) 本書第二章「律令賤人制度の構造と特質」を参照。

(17) 石上英一「官奴婢について」（『史学雑誌』八〇―一〇、一九七〇年）。

(18) 日本令（大宝・養老令）の藍本が永徽令であったことは、瀧川政次郎『律令の研究』（名著普及会、一九八五年、初版一九三一年）、坂上康俊「『令集解』に引用された唐の令について」（『九州史学』八五、一九八六年）などを参照。

(19) 小倉真紀子「大宝賊盗律謀反条・謀叛条の復元をめぐって」（『日本歴史』七八三、二〇一三年）は、写本の検討結果にもとづき、戸令38官奴婢条の「任所楽処附貫。反逆縁坐、八十以上、亦聴従良」という部分は、注文ではなく、本文と解すべきとする。しかし、同条に付せられた古記には、「注反逆縁坐八十以上亦聴従良」とあることから、少なくとも「反逆縁坐八十以上亦聴従良」は注文であったことは確かであろう。

(20) 唐令の反逆縁坐による没官者の解放年令が明記されていないのに対し、日本令で「八十以上」と明記していることも大きな違いと思われる。この点については、前掲註（8）で述べたように、日本令の藍本である永徽令と『唐六典』の記す開元七年令（その後の改制を受けている可能性もある）の違いによるものと考える。

(21) 日本令に「反逆縁坐、八十以上、亦聴従良」とある規定は、それに対応する規定が藍本の永徽令にもあった蓋然性が高いと思われる。反逆縁坐により没官された者にも年令による解放規定が開元令以前の唐令にもあったことは、『新唐書』刑法志に「謀反者男女奴婢没為官奴婢、隷司農、七十者免之」とみえることから確実である。なお、「七十」歳という年令条件については、賊盗律の「八十」歳という条件と合わず、誤記の可能性がある。永徽令には、この他、反逆縁坐以外の官奴婢の解放規定があったことは顕慶二年勅によって知られる。

(22) 永徽令と思われる顕慶二年勅の官奴婢解放規定では、六十歳ないし廃疾となれば直接良人に解放される規定であったわけであり、開元七年令と思われる『唐六典』の規定のように官戸を経て解放される規定ではなかった。永徽令から開元七年令に至る間に大幅な規定改制があったことは明らかであろう。

(23) 本書第二章「律令賤人制の構造と特質」を参照。

(24) 吉野前掲註(4)論文、六〇頁註(30)。

(25)『大日本古文書』第三巻、三六六・三六七頁。

(26) 石上前掲註(17)論文は、東大寺に施入後も官(実質的には天皇)が奴婢への処分権・使用権・解放権を留保していたことを指摘している(七頁)。

(27)『大日本古文書』第二十五巻二頁。

(28)『大日本古文書』第十一巻、四七六・四七七頁。

(29) 稲田前掲註(4)論文、三・四頁。

(30) 瀧川政次郎「官奴司考」(『律令賤民制の研究』名著普及会、一九八六年、初出一九二五年)、春名宏昭「藤原仲麻呂政権下の品部・雑戸と官奴婢」(義江彰夫編『古代中世の政治と権力』吉川弘文館、二〇〇六年)などを参照。

(31) 本書第二章「律令賤人制度の構造と特質」を参照。

第四章　日唐賤人の身分標識について

序　言

前近代においては、身分標識が身分秩序を具体的に明示するものとして重要な役割を果たしていた。身分標識がどのような形態をとり、またどのような場に設定され、どのような人々を対象にしたか等々、身分標識のあり方は多様であるが、その違いはそれによって表される身分秩序のもつ意義・目的・機能に呼応したものであると考えられる。その意味で身分標識のあり方は、身分秩序の本質を反映したものといえるであろう(1)。

これまでも、日本、中国それぞれの賤人制研究において、その身分標識となった服色などについて言及がなされてきているが(2)、日中相互の違いを中心に検討したものはほとんどないといってよい。そこで本章では、日本古代と中国唐代の私賤人の身分標識の対比をもとに、両国の賤人身分の特質について考えてみたい。

一　唐代賤人の服色規定

中国では古く漢代から、奴婢の別称として「蒼頭」・「青衣」という言葉が存在していたように、青色系の頭巾・衣服が奴婢の可視的身分標識として機能していたことが知られる。(3) 唐代においても、「蒼頭」・「青衣」の語は広く用いられており、(4) 漢代から連綿として青色系の衣装が奴婢など賤人の身分標識となっていたことが推測される。しかしながら、これまでの通説によれば、部曲客女・奴婢といった唐代の私賤人の服色は「黄・白」と規定され、庶人との違いはなかったとされている。(5) 奴婢の別称と服色規定との間に齟齬があるわけだが、残念ながらこの点について本格的に取り上げた研究はないようである。また、私賤人の部曲客女・奴婢と良人である庶人との間には厳然たる身分の違いがあるのにもかかわらず、身分標識として明確な区別がないという矛盾についても全く問題とされてきていない。

唐代私賤人の服色をめぐってはこのような課題があるわけだが、この問題を検討するにあたって、まず唐代の私賤人の服色規定について取り上げてみたい。

最初に示す『新唐書』車服志の記事は、瀧川政次郎氏が唐代賤人の服色を論じられた際にその論拠とされたものである。(6)

〔新唐書巻二十四車服志〕

至唐高祖、……親王及三品、二王後、服大科綾羅、色用紫、飾以玉。五品以上服小科綾羅、色用朱、飾以金。六品以上服絲布交梭双紃綾、色用黄。六品、七品服用緑、飾以銀。八品、九品服用青、飾以鍮石。勲官之服、随其品而加佩刀、礪、紛、帨。流外官、庶人、部曲、奴婢、則服紬絹絁布、色用黄白、飾以鉄銅。

唐の高祖に至りて、……親王及び三品、二王の後、大科の綾・羅を服するに、色は紫を用ゐ、飾るには玉を以てせよ。五品以上小科の綾・羅を服するに、色は朱を用ゐ、飾るに金を以てせよ。六品以上絲布・交梭・双紃・綾を服するに、色は黄を用ゐよ。六品、七品の服は緑を用ゐ、飾るに銀を以てせよ。八品、九品の服は青を用ゐ、飾るに鍮石を以てせよ。勲官の服は、其の品に随ひて佩刀、礪、紛、帨を加へよ。流外官、庶人、部曲、奴婢は、則ち紬・絹・絁・布を服するに、色は黄・白を用ゐ、飾るに鉄・銅を以てせよ。

これによれば、確かに部曲・奴婢は流外官や庶人と全く変わりのない身なりを定められていたことになるが、『新唐書』のこの記事の典拠となったと考えられる武徳四年（六二一）勅を『通典』や『旧唐書』など他の唐代史料によって確認してみるならば、「部曲、奴婢」がこの規定に存在していないことがわかる。

〔通典巻六十一礼二十一沿革二十一嘉礼六〕

其三品以上服、准武徳四年勅大科紬綾及羅、其色紫、飾用玉。五品以上、服小科紬綾及羅、其色朱、飾用金。六品以上、服絲布、雑小綾、交梭及双紃、其色黄。六品、七品飾銀。八品、九品鍮石。流外庶人服紬、綾、絁、布、其色通用黄・白、飾用銅鉄。

其の三品以上の服は、武徳四年の勅に准じて、大科の紬・綾及び羅に、其の色は紫にして、飾るには玉を用ゐよ。五品以上、小科の紬・綾及び羅を服し、其の色は朱にして、飾るには金を用ゐよ。六品以上、絲・布、雑小の綾、交梭及び双紃を服し、其の色は黄。六品、七品の飾りは銀。八品、九品は鍮石。流外、庶人は紬、綾、絁、布を服し、其の色は通じて黄・白を用ゐ、飾るには銅・鉄を用ゐよ。

〔旧唐書巻四十五輿服志〕

武徳初、因隋旧制、……。四年八月勅、三品已上、大科紬綾及羅、其色紫、飾用玉。五品已上、小科紬綾及羅、其色朱、飾用金。六品已上、服絲布、雑小綾、交梭、双紃、其色黄。六品、七品飾銀。八品、九品鍮石。流外及庶人、服紬、絁、布、其色通用黄、飾用銅鉄。

武徳の初、隋の旧制に因りて、……。四年八月勅すらく、三品已上は、大科の紬・綾及び羅、其の色は紫にして、飾るには玉を用ゐよ。五品已上は、小科の紬・綾及び羅、其の色は朱にして、飾るには金を用ゐよ。六品已上は、絲・布、雑小の綾、交梭、双紃を服し、其の色は黄。六品、七品の飾りは銀。八品、九品は鍮石。流外及び庶人は、紬、絁、布を服し、其の色は通じて黄を用ゐ、飾るには銅・鉄を用ゐよ。

〔唐会要巻三十二輿服下、異文袍〕

武徳四年八月十六日勅、三品已上、服大料紬綾及羅、其色紫、飾用玉。五品已上、服小料紬綾及羅、其色朱、飾用金。六品已上、服絲布、雑小綾、交梭及双紃、其色黄。六品、七品飾銀。八品、九品鍮石。流外及庶人、服紬絹布絁、其色通用黄白、飾用銅鉄。

武徳四年八月十六日勅すらく、三品已上は、大料の紬・綾及び羅を服し、其の色は紫にして、飾るには玉を用ゐよ。五品已上は、小料の紬・綾及び羅を服し、其の色は朱にして、飾るには金を用ゐよ。六品已上は、絲・布、雑小の綾、交梭及び双紃を服し、其の色は黄。六品、七品の飾りは銀。八品、九品は鍮石。流外及び庶人は、紬、絹、布、絁を服し、其の色は通じて黄・白を用ゐ、飾るには銅・鉄を用ゐよ。

〔冊府元亀巻六十一帝王部、立制度二〕

（長興三年正月）壬子、太常礼院奏衣服制度、……。又武徳四年七月十六日制、三品已上、服大料細綾及羅、其色紫。五品已上、服小料細綾及羅、其色朱。六品已上、服絲布、雑小綾、交梭、其色黄。七品、八品、九品、流外、庶人、服細綾絁布、其色黄白者。又永徽三年八月十四日詔、……

（長興三年正月）壬子、太常礼院、衣服制度を奏すに、……。又武徳四年七月十六日制すらく、三品已上は大料の細綾及び羅を服し、其の色は紫。五品已上は、小料の細綾及び羅を服し、其の色は朱。六品已上は、絲・布、雑小綾、交梭を服し、其の色は黄。七品、八品、九品、流外、庶人は、細綾・絁・布を服し、其の色は黄・白といへり。又永徽三年八月十四日詔すらく、……

最後に挙げた『冊府元亀』のものは後唐時代の長興三年（九三二）正月に太常礼院が衣服制度について奏上した際に引用した節略文であるため不正確な内容・表現となっているが、『通典』、『旧唐書』、『唐会要』の記す武徳四年勅はほとんど同文であり、そのいずれにも部曲・奴婢についての規定はみられない。『新唐書』に比べ原史料に忠実な表記と考えられる『通典』など唐代の基本史料に一切記されていないことからすると、同勅の原文には部曲・奴婢についての規定がなかった蓋然性が高いと思われる。すなわち、『新唐書』の記事は、武徳四年勅をもとに他の史料を付加する形で書かれたものと考えられるのであり、部曲・奴婢の規定の典拠史料を確定するか、他の傍証を示さない限りは、『新唐書』のこの記事をそのまま利用することはできないであろう。したがって、『新唐書』車服志のみにより、唐初より部曲・奴婢の服色が黄・白と規定されていたと即断するのは危険であると思われる。

さて、次に掲げる『唐会要』の記事は、上述の瀧川氏とは別に仁井田陞氏が部曲客女・奴婢の服色制限令として取り上げられたものである。(7)

〔唐会要巻三十一輿服上、雑録〕

（大和）六年六月勅、詳度所司制度条件等。……又奏、商人乗馬、前代所禁、近日得以恣其乗騎、雕鞍銀鐙、装飾煥爛、従以童騎、最為僭越。請一切禁断。庶人準此、師僧道士、除綱維及両街大徳、余並不得乗馬、請依所司条流処分。A諸部曲客女奴婢、服絁紬絹布、色通用黄白、飾以銅鉄。B客女及婢、通服青碧、聴同庶人、兼許夾纈。丈夫許通服黄白。如属諸軍、諸使、諸司及属諸道、任依本色目流例。其女人不得服黄紫為裙、及銀泥罽画錦繍等。余請依令式。……勅旨、理道所関、制度最切。……其禁軍仗衛雑飾、及諸道節鎮等使軍装衣服、即不在此限。余並依奏。

（大和）六年六月勅して、所司の制度・条件等を詳しく度らしむ。……又奏すらく、商人の乗馬は前代禁ずるところなれど、近日以て其の乗騎を恣にするを得て、雕の鞍・銀の鐙をし、装飾煥爛にして、従ふるに童騎を以てし、最も僭越を為す。請ふらくは一切禁断せんことを。庶人は此に準じて、師僧・道士は綱維及び両街大徳を除き、余は並びに乗馬を得ず、請ふらくは所司条流処分に依らむことを。諸そ部曲客女・奴婢は絁・紬・絹・布を服し、色は通じて黄・白を用ひ、飾るに銅・鉄を以てせよ。客女及び婢は通じて青碧を服し、庶人と同じふするを聴し、兼ねて夾纈を許す。丈夫は通じて黄・白を服することを許せ。如し諸軍・諸使、諸司及び諸道に属さば、任に本色目の流例に依れ。其れ女人は黄・紫を服し裙を為ること、及び銀泥・罽画・錦繍等を得ず。余の請は令式に依れ。……勅旨。理道関わるところ、制度最も切なり。……其れ禁軍の仗衛・雑飾、及び諸道・節・鎮等の使の軍装衣服は、即ち此の限りに在らず。余は並びに奏に依れ。

仁井田氏はこの大和六年（八三二）六月勅をもとに部曲客女・奴婢の服色は黄・白であったとされたが、それは傍線部Aの「諸部曲客女奴婢、服絁紬絹布、色通用黄・白、飾以銅鉄」という部分（以下では「記事A」と略称する）のみによって立論されたわけであり、その後の傍線部Bの「客女及婢、通服青碧、聴同庶人、兼許夾纈。丈夫許通服黄白」という規定（以下では「記事B」と略称する）については、とくに述べられていない。記事Bによれば客女・婢は青碧を通服しており、庶人と同じくすること（服色を黄・白とすることか）、そして夾纈を服すことも許された。またその丈夫、すなわち夫である部曲・奴も許可されて黄・白を通服したということになるが、そうであるならば客女・婢、そして部曲・奴の本来の服色は黄・白でなかったということになり、記事Aとははなはだ相違することになる。恐らく、この『唐会要』の記事には脱文などの不備があると考えられる。仁井田氏が同一史料内のこの矛盾について全くふれることなく、一方の記事のみ取り上げられたことは不適切と思われる。この矛盾を解決することなく、部曲らの服色を黄・白とすることは認めがたい。当史料のみによりこの問題の解決を図ることは不可能であるが、次の『冊府元亀』の記事はこの疑問を解く手がかりとなる。

〔冊府元亀巻六十一帝王部、立制度二〕

（大和）六年六月戊寅、右僕射王涯准勅詳度諸司制度条件等。礼部式、親王及三品已上若二王後服色用紫、飾以玉。五品已上服色用朱、飾以金。七品已上服色用緑、飾以銀。九品已上服色用青、飾以鍮石。応服緑青人、謂経職事官成及食禄者。其用勲官及爵、直諸司依出身品、仍各佩刀礪紛帨。流外官及庶人服色用黄、飾以銅鉄。其諸親朝賀宴会服飾、各依所准品。諸司一品、二品許服玉及通犀。三品許服花犀及班犀及玉。又服青碧者許通服緑。余請、依礼部式。A′諸部曲客女、奴婢、通服青碧。其命婦客女及婢、聴同庶人。奴及部曲、請許通服黄白皂。B′其命婦准格、客女及婢得同庶人。其衣服、婢及庶人女婦請兼許服夾纈。丈夫請通服黄白、C′如属諸軍、使司及属諸道、任依本色目流例。其女人不得服黄紫為裙及銀泥罨画錦繍等。余請依令式。……以前、臣涯等奉勅令臣等同為詳定酌中奏聞者、……

（大和）六年六月戊寅、右僕射王涯勅に准じて諸司の制度・条件等を詳しく度る。礼部式、親王及び三品已上、若しくは二王の後の服色は紫を用ゐ、飾るに玉を以てせよ。五品已上の服色は朱を用ひ、飾るに金を以てせよ。七品已上の服色は緑を用ゐ、飾るに銀を以てせよ。九品已上の服色は青を用ゐ、飾るに鍮石を以てせよ。緑・青を服すべき人とは、職事官を経て食禄に成り及ぶ者を謂ふ。其れ勲官及び爵を用ゐるは、諸司に直しなば出身の品に依って仍ち各佩刀、礪、紛、帨をせよ。流外官及び庶人の服色は黄を用ゐ、飾るに銅・鉄を以てせよ。其れ諸親の朝賀・宴会の服飾は、各准ずるところの品に依れ。諸司の一品、二品には、玉及び通犀を服することを許せ。三品には花犀及び班犀及び玉を許せ。又青碧を服する者には緑を通服することを許せ。余の請は、礼部式に依れ。諸て部曲客女、奴婢は、通じて青碧を服せ。其れ命婦の客女及び婢は、庶人と同じふするを聴せ。奴及び部曲は、請はば通じて黄・白・皂を服することを許せ。其れ命婦は格に准ずるに、客女及び婢は庶人に同じふするを得。其の衣服、婢及び庶人の女婦請はば兼ねて夾纈を服することを許せ。丈夫請はば通じて黄・白を服せ。如し諸軍、諸使及び諸道に属さば、任に本色目の流例に依れ。其れ女人黄紫を服して裙を為ること、及び銀泥・罨画・錦繍等を得ず。余の請は、令式に依れ。……以前、臣涯等勅を奉わり臣等をして同じく詳定酌中を為し奏聞せば、……

『唐会要』に対応すると思われる『冊府元亀』の傍線部の記事をみると、まずA′では私賤人の服色の本則（恐らくは礼部式の規定と考えられる）が述べられ、その次のB′では付則として命婦の私賤人の服色の例外規定が述べられ、さらにその法源としての格（恐らくは礼部格）が引用され、最後のC′では諸軍などに属する場合には以上の規定を用いない（それぞれの流例に任せる）という適用除外規定を記すという構成になっていることがわかる。すなわち、私賤人の服色は本来の規定では青碧（しょうびゃく・あおみどり）[8]であり、その後、格によって例外として命婦の客女と婢は庶人と同じ服装を許可され、その夫の部曲・奴は申請すれば黄・白（・皂）を服することが許可されたということが読みとれるであろう。以上のように、『冊府元亀』の記事には『唐会要』のような矛盾がみられず、きわめて整合的であり、より詳細な内容となっている。

『冊府元亀』の記事は大和六年六月勅の前提となった右僕射王涯が勅に准じて所司の制度条件などについて詳度・奏

聞した内容であり、『唐会要』の記事はそれをもとに制定・施行された大和六年六月勅そのものと考えられる。(9) したがって、両者の記事間に多少の相違があるのは当然といえる。勅（『唐会要』の記事）には改定された規定のみを記してあればよいのであって、制度の詳度を行った場合（『冊府元亀』の記事）と違ってそれ以前の規定について述べる必要はない。それ故、『唐会要』の記事Aは、ただ単に庶人と同じくすることを聴された結果のみを具体的に記していると考えることができよう。また、記事Aには特定の私賤人に限るといった限定がつけられていないが、『冊府元亀』にみられるごとくそれまでは命婦の私賤人に限られていた例外的な扱いを、勅として定立した際にはその他一般の私賤人にも拡大して適用することになったとも解されよう。『唐会要』の記事Aと『冊府元亀』の記事との相違については、そのように理解することが可能であろう。ちなみに、『唐会要』の記事Aの内容は、先掲の『新唐書』車服志の私賤人の規定とほぼ同文であり、『新唐書』編者は武徳四年勅に大和六年勅の内容を結びつけて作文した可能性が高いと思われる。

記事B・Cについては、基本的に『冊府元亀』との間に違いはない。記事Bは『冊府元亀』の傍線部Bに引用された格の内容とほぼ合致しており、青碧の服色から庶人と同じくすることが許されたことについて簡明に述べている。先述のように『唐会要』の記事AとBの関係を対等に捉えると矛盾した内容にみえるが、記事Aの規定に改定されたことを簡単に説明したのが記事Bと考えるならば、必ずしも両者の関係を矛盾とせずに理解することができるように思う。ただし、それにしても『唐会要』の記事A・B間のつながりが悪いので、この間に何らかの脱文が想定される。(10)

以上、煩雑な行論となったが、『唐会要』と『冊府元亀』の記事をできるだけ矛盾なく理解できる解釈を試みた。その結果として、唐代私賤人の服色規定は以下のように考えることができると思う。

① 大和六年六月勅が出されるまでは、一般に私賤人（部曲客女・奴婢）の服色は青碧と規定されていた（その規

定は、礼部式と考えられる)。

② 命婦の私賤人である客女・婢については、大和六年六月以前に格(礼部格か)によって庶人と同じ衣服(黄・白の服色)が許されており、その夫たる部曲・奴も申請すれば黄・白を通服することが許可されていた。

③ 大和六年六月に右僕射王涯らが諸司の制度条件について詳度した際は、一般私賤人の服色は青碧とし、命婦の私賤人については基本的に格に従い、諸軍、使司、諸道に属する場合は、それぞれの流例に依るということになっていた。

④ 大和六年六月勅では、私賤人は一般に庶人と同じ服装、すなわち絁・紬・絹布の素材、黄・白の服色、銅鐵の飾りが許されることになった。また、諸軍、使司、諸道に属する場合は、それぞれの流例に依るとされた。

なぜ、大和六年勅において私賤人と庶人の服装が同一のものとされたか、その理由についてここで詳論する余裕はないが(11)、それ以前においては私賤人の服色は庶人とは明確に区別して規定されおり、身分の違いを示す標識となっていたことが確認できたことと思う。唐代私賤人の服色が青碧と規定されていたという事実は、「蒼頭」、「青衣」といった私賤人の別称は単なる文学的表現や慣用的な通称というだけでなく、実態を反映した写実的な表現でもあったということ、そして可視的身分標識として十分に機能していたことを教えてくれる(12)。

二　日本古代賤人の服色規定

日本古代の私賤人については、次のような服色規定が知られる(13)。

〔日本養老衣服令6制服条〕

制服

無位、皆皁縵頭巾、黄袍、烏油腰帯、白襪、皮履。朝庭公事、即服之。尋常通得着草鞋。（家人奴婢、橡墨衣。）

制服

無位は、皆皁の縵の頭巾、黄の袍、烏油の腰帯、白き襪、皮の履。朝庭公事に、即ち服せよ。尋常には、通ひて草鞋着くことを得む。（家人奴婢は、橡墨の衣。）

この規定に先行して、持統天皇七年（六九三）正月に奴に皁衣《くろきぬ》を服さしむる詔が出されていることから、浄御原令以来養老令に至るまで、黒色が賤人の服色に規定されていたと考えられている(14)。

従来、黒色を賤人の服色としたことは日本独特の制度として唐制と区別して捉えられることもあったが(15)、基本的には中国隋唐の服色序列に従ったものと考えるべきであろう(16)。ただし、中国においては賤人は青色系の青碧を服色としており、黒色は庶人の黄・白色と賤人の青碧の中間的な服色ないし、庶人の最下層の服色と位置づけられていたと思われる(17)。この点、基本的に隋唐の服色序列を取り入れながら、唐の賤人の服色である青碧がなぜ日本古代の賤人の服色とされなかったのかが問題となる。逆の見方をするならば、日本の賤人はなぜ黒色という唐においては庶人により近い服色にされたのかという疑問にもなろう。このことは、私賤人の服色規定が独立して立てられず、無位の官人・庶人と同じ条文にあわせ規定されていることにも通じている(18)。さらに述べるならば、服色のみならず、袴という衣裳形態においても庶人以上の良人身分と賤人との間に区別がなかったということも注意される(19)(20)。すなわち、日本古代の賤人には、唐の賤人にみられるような明確な可視的身分標識が付与されなかったと考えられるのではないだろうか。

そもそも養老衣服令の私賤人の服色規定は、唐のように日常生活を通じて服する通服の規定ではなく、「朝庭公事」

という黒色の衣服を日常的に着ていたと解するむきもあるが、誤りである。

というきわめて限定された場所・条件でのみ機能するものであった。つまり、「朝庭公事」以外においては、私賤人を区別する可視的な身分標識を規定しなかったということを意味する。次に示す『万葉集』の歌によって、賤人が橡墨という黒色の衣服を日常的に着ていたと解するむきもあるが、[21] 誤りである。

〔万葉集巻七、譬喩歌、寄衣〕

一三一一　橡衣　人皆事無跡　曰師時従　欲服所念

（橡の衣は人皆事無しといひし時よりきほしくおもほゆ）

一三一四　橡　解濯衣之　恠　殊欲服　此暮可聞

（橡の解きあらひ衣のあやしくも殊にきほしきこのゆふへかも）

歌中の「橡の衣」を衣服令6制服条に規定される「橡墨衣」と同一のものと誤認したためと思われるが、橡が必ずしも黒色（墨染め色）を意味するものではないし、[22] また山田英雄氏が指摘されたように橡の衣は「奈良時代に階級の上下を問わず愛用された日常衣」と考えられ、これら『万葉集』の歌を賤人と結びつける必然性は全くない。[23] したがって、賤人が日常生活においてどのような服装・服色であったかということについて記す直接的な史料は全くないということになるが、唐の賤人のようにその服色に由来するような別称が存在していないことなども考えあわせるならば、日本の古代社会においては賤人を指し示す明確な身分標識として機能した特定の服色などがなかったことを示しているように思われる。

令の規定とは別に『延喜式』にも、賤人の服色規定が存在する。

〔延喜式巻四十一弾正台〕

凡公私奴婢、服黄葡萄淺紅赤練橡白橡墨橡。其裙青赤絁布等色聴之。紫緋緑紺縹等不須全色。唯得纈紕裁縫。

凡そ公私奴婢は、黄葡萄・浅紅・赤練橡・白橡・墨橡を服せ。其の裙は青・赤絁布等の色を聴せ。紫・緋・緑・紺・縹等は、全色須ひるべからず。唯だ纐紕の裁縫を得るのみ。

この規定がいつ頃成立したのかは不明だが、(24)衣服令の規定とはかなり異質なものであることは明瞭である。まず、一番大きな違いとしては、賤人の服色を単一に規定するのではなく、服用可能な色種と服用してはならない色の範囲が示されたものであるということがある。つまり、賤人の身分を明示する服色を規定したものではなく、禁色や過差を制限するための規定と考えられる。二つ目の違いとしては、場所・条件等の限定がつけられていないということがある。ただ、弾正台式に規定されていることからすると、実質的な意味をもったのは、弾正台の監察できた領域、すなわち平安京とその周辺に限られたものと思う。ともかくも延喜式の段階においても、社会に広く認知されるような賤人身分を表示する服色規定が存在していなかったということが確認される。

以上要するに、日本古代においては賤人身分を広く一般に認知させるための服装上の規定や実態が存在しなかったと考えられる。この点、日・唐の賤人制におけるきわめて大きな相違点であることを指摘しておきたい。

三　唐代奴婢の身体標識

かつて、西嶋定生氏は奴婢と罪人と夷狄の共通性を指摘し、ともに礼的秩序外の存在であることを述べられた。(25)「黥面というものは、異民族の風習であった。それを刑罰という形で漢民族に施すことは、とりもなおさず夷狄であるという烙印をおすことであり、漢人社会からの追放という意味が込められていたと考えられよう」という近年の冨谷至氏の指摘と考えあわせるならば、(26)漢代の官奴婢に黥が施されたという事実はとても興味深い。(27)すなわち、漢代の官奴婢にとっての黥面とは正に夷狄や罪人と同様に礼的秩序外の存在であることを示す身体に刻みつけられた身分標識であったと考えられる（本章では、身体そのものに記された身分標識を仮に「身体標識」と称することにする）[28]。漢代においても私奴婢に黥面が行われたことを裏づける史料は未確認だが、官奴婢の臣下への下賜などによって私奴婢のなかにも黥面された者があったことは確実であろう。また、後で述べる唐代の事例から、奴婢主が官奴婢を模倣して自己の奴婢に私的に黥を施すような場合も存在したことが十分想定できると思う。その場合も、官奴婢の場合と同じく黥面が奴婢の身分標識となったことであろう。

漢の文帝による肉刑の廃止によって刑罰としての黥刑は当面姿を消すことになるが、完全になくなったわけではなく、その後の晋・梁・五代・遼・宋・金・元・明・清の歴朝において入れ墨刑が存在したことが知られている[29]。漢代の官奴婢が肉刑廃止後黥面を免除されたかどうかは明らかでないが、晋代においては次の晋令にみるごとく逃亡奴婢に対し黥を行っていたことが知られる。

〔晋令輯存、捕亡令第十三〕

奴婢亡、加銅青若墨、黥両眼。後再亡、黥両頬上。三亡、横黥目下。皆長一寸五分、広五分。

奴婢亡じなば、銅青若しくは墨を加えて、両眼に黥せよ。後に再び亡じなば、両頬の上に黥せよ。三たび亡じなば、目の下に横に黥せよ。皆長さ一寸五分、広さ五分とせよ。

この晋令では逃亡奴婢について規定しているが、この規定のみによって未逃亡の奴婢には全く入れ墨が行われなかったと即断することはできないであろう。

あまり注目されることはないのだが、唐代の官奴婢にも入れ墨が行われていたことを示す史料がある[30]。

〔唐六典巻六都官郎中員外郎条〕

毎歳孟春、本司以類相従、而疏其籍以申。毎歳仲冬之月、条其生息、閲其老幼、而正簿焉、（毎歳十月、所司自黄口以上、並印臂、送都官閲貌。）

毎歳孟春、本司は類を以て相従へ、而して其の籍を疏し以て申せ。毎歳仲冬の月、其の生息を条し、其の幼老を閲し、而して簿を正せ。（毎歳十月、所司は黄口より以上には、並びに臂に印し、都官に送り閲貌せよ。）

問題としたいのは、括弧内に入れてある『唐六典』では本来細字の注にあたる規定であるが、玉井是博氏はこの部分を「即ち十月に諸司よりその所属の官奴婢を都官に送附し、都官はその翌月を以てこれを閲貌したのである。「印臂」とはその賤民の階級名若くは所属の司名を臂に印したものであろうか[31]」と解釈されている。「印臂」を臂《うで》に印することと解されているわけだが、この「印」とは何であろうか。馬牛などには焼き印が押されたわけだが、官奴婢に対しても馬牛印のごときものを想定できるであろうか。

唐・段成式の『酉陽雑俎』巻八黥は唐代後半を中心として黥（入れ墨）に関連する豊富な情報を提供してくれるが[32]、そのなかに「印」（スタンプ）式の入れ墨について詳しく説明してある箇所がある。また、同書では黥面と同じ用法で「印面」と表現してあることからすると、唐代においては「印」に入れ墨をするという意味があったと考えてよいであろう。臂に入れ墨をすることは五代・遼・宋・金・元・明・清では刺字といって黥刑の一種として行われたことが知られており[33]、唐代官奴婢への「印臂」は刺字の先駆的なものであったと理解することができるものと思う。入れ墨の場所が顔から臂へ変更されてはいるが、漢代以来の身体への身分標記が唐代にも継承されていたことが確認されることと思う。

唐代では、国家の制度としての黥は上記の官奴婢に対する「印臂」以外はないようだが、主人が私的に自己所有の奴婢に黥を行うことは広く行われていた。[34]『酉陽雑俎』巻八黥には、逃亡奴への黥や、士大夫の妻が嫉妬から恣意的に婢に対し印（黥）面を行った事例などが紹介されている。こうした私的に行われた黥も、奴婢身分の標識になったものと考えられる。また、私的に行われたためにその黥の方法・形象に統一性はなく、奴隷主ごとに異なる個性的な「しるし」となり、逃亡した奴婢を探し出す際などの目印にもなったのではないかと考える。[35]ただし、同書には唐代後半に良人身分にも黥の風俗が蔓延していた様子が描かれているように、唐代後半以降においては黥が奴婢を意味する身分標識としての機能は急速に失われていったと考えられる。[36]実際、奴婢への黥が多く行われたのは大暦年間（七六六〜七七九）以前であったという趣旨の記述がある。[37]入れ墨と同様に奴婢、罪人、夷狄を象徴した髠髪も無頼の少年とはいえ良人間に広まっていたことが述べられており、[38]唐代後半は身分標識とともに伝統的な身分秩序そのものが大きく揺らいでいたと考えられる。[39]第一節で取り上げた大和六年勅における私賤人の服色改定も、このような身分制度動揺の一端として理解されるのではないだろうか。[40]

青碧などの青色系の色自体に夷狄や罪人との関連性がないことを考えるならば、奴婢の肉体に記された黥などの身体標識は服色以上に賤人であること、礼的秩序外の存在であることを明示する可視的身分標識であったということがいえるだろう。中国においては少なくとも唐代の半ばすぎまではそうした奴婢の身体標識が機能していたと考えられるが、日本古代においては奴婢に入れ墨など身体標識が付された徴証は全くない。計帳や奴婢帳などには、奴婢の身体上の特徴が克明に記載されているが、身分を示すような身体標記は一切みられない。とりわけ、東大寺に施入された官奴婢にも「印臂」がみられないことは、注意される。このことは、日本古代の賤人が礼的秩序外の存在ではなかったことを示しているというよりも、むしろそうした礼的理念そのものと無関係であったことを表していると考えられる。[41]また、私奴婢への入れ墨がみられないことは、日本古代にあっては奴婢は主の完全なる所有物に化していなかったことを意味しているものと考える。[42]

結　語

日唐賤人の身分標識を比較検討した結果、唐代半ばまでの賤人の明確かつ多様な身分標識のあり方に対して、日本古代の賤人には「朝庭公事」における皂衣というきわめて限定的な身分標識しか存在しないという違いを明らかにすることができたと思う。

唐代の賤人は誰が何時、何処でみてもひと目でわかる普遍的な身分標識をつけられていたわけだが、それはまさに唐においては賤人身分そのものが普遍的なものであったことを示している。[43]

一方、日本古代の賤人にはそうした普遍的な身分標識が存在せず、「朝庭公事」の際に皂衣を着用している時以外は賤人を賤人と認識することは一般的に不可能であったと思われる。[44] そうした身分標識に頼らずとも日常的に賤人を賤人と判別できるのは、個人的に関係があり、顔見知りである場合に限られたものと考えられる。[45] すなわち、日本古代の賤人身分とは、誰もが顔見知りであるような閉鎖的な（流動性の乏しい）小社会（在地の共同体）においてのみ有効な身分であったと考えられるのではないだろうか。日本古代賤人の身分標識には、律令賤人制が大化前代以来の在地共同体内の支配関係を基盤とした身分秩序であったという一面が映し出されているように思われる。[46]

註

（1）身分標識と身分秩序の関連についての従前の主要な研究として、石母田正「古代の身分秩序」（『石母田正著作集　第四巻古代国家論』岩波書店、一九八九年、初出一九六三年)、武田佐知子『古代国家の形成と衣服制』(吉川弘文館、一九八四年)などがある。

(2) 瀧川政次郎「奴隷の生活」(『日本奴隷経済史』刀江書院、一九三〇年)、同「橡の衣着し人」(『万葉律令考』東京堂書店、一九七四年)、仁井田陞「部曲・奴婢法」(『中国身分法史』東京大学出版会、一九八三年。初版旧題『支那身分法史』東方文化学院より一九四二年刊行)、神野清一『律令国家と賤民』(吉川弘文館、一九八六年)などを参照。

(3) 漢代の蒼頭については、志田不動麿「漢代の奴隷制度蒼頭について」(『歴史学研究』二―一、一九三四年)、宇都宮清吉「漢代蒼頭考」(『東洋史研究』一―二、一九三五年)などを参照。

(4) 唐代の蒼頭・青衣の用例については、仁井田前掲註(2)論文、李伯重「唐代奴婢的異称」(『唐研究』第六巻、二〇〇〇年)などを参照。

(5) 瀧川前掲註(2)「奴隷の生活」参照、仁井田前掲註(2)論文を参照。

(6) 瀧川前掲註(2)論文を参照。

(7) 仁井田前掲註(2)論文を参照。

(8) 青と碧ではなく、青碧(あおみどり・しょうびゃく)と考える。なぜならば、九品以上の官人の服色が青と規定されているので、賤人が九品以上の官人と同色とは考えがたいからである。なお、唐道僧格ならびに日本養老僧尼令10聴着木蘭条には、出家者の服色として皂や黄等と並んで青碧が規定されていることが注目される。出家者は本来粗衣・卑色を服すべきであるという認識が示されているものと考える。

(9) 『唐会要』と『冊府元亀』の記事はどちらもはなはだ長文であるため、関連部分のみを引用し、大半を省略しているので、引用部分だけでその関係を確定することは難しいと思われるが、『冊府元亀』の引用箇所の後には、王涯らの奏聞に対し、文宗が詔で答えた内容が記され、さらに有司に命じて制度を示すにあたっては、勅として施行されたこと(「命有司示以制度。勅下之後…」)が記されている。『唐会要』において文宗の「詔」が「勅旨」に改められているが、このことは、『唐会要』の記事が王涯らの奏聞した内容のままではなく、施行された勅であることを示していると考える。

(10)『唐会要』所収の大和六年六月勅に関しては、本来一つの勅としてまとまって記載されてあるべき規定がとりのこされて別に収載されていたり(巻三十二にも、大和六年勅の一部が収められている)、規定の配列が本来のものに比べ乱れているなど、編纂上の不備が確認されるので、脱文の可能性を十分想定できるものと考える。また、『唐会要』の記事は一見して『冊府元亀』の記事を節略した箇所が多いが、不用意な節略により文意が通じなくなったということも考えられる。

(11) 後述のように、八世紀末以降それまでは奴婢身分を意味するとされた髡や入れ墨をする者が良人身分のなかに現れたことと同一の現象と思われる。従来の身分秩序を無効とするような社会秩序の変動が想定される。

(12) 官賤人の服色規定については、管見の限り史料が検出できず不明確であるが、私賤人と同じ「青碧」か、もしくは囚人と同じ赤色系の「赭衣」であったのではないかと推測される。

(13) 集解諸説は、官賤人も家人奴婢と同色という解釈を示しているが、明確な根拠があるようにも思われない。

(14) 石上英一「官奴婢について」(『史学雑誌』八〇―一〇、一九七一年)を参照。

(15) 瀧川前掲註(2)論文、石母田前掲註(1)論文などを参照。

(16) 内田正俊「色を指標とする古代の身分の秩序について」(『日本書紀研究』一九、塙書房、一九九四年)、神野前掲註(2)書などを参照。

(17)『隋書』巻十二礼儀志において屠商の服色が皂とされたとみえること、前節の大和六年の記事でも部曲・奴婢が申請して許可された服色が黄・白とならんで皂であったことを勘案するならば、皂は賤人の服色ではないが庶人の服色である黄・白よりも下位の色と考えられるだろう。

(18) 唐では前節で述べたように、私賤人の服色規定は礼部式に独立して規定されていたと考えられる。

(19) 武田前掲註(1)書を参照。

(20) 唐代の奴婢は平頭(奴帽)という奴婢特有の帽子を冠っていたという。日本の奴婢が平時に帽子を着用していた徴証はなく、その点で良人との間に区別があったかは定かでない。

(21) 瀧川前掲註(2)論文、石母田前掲註(1)論文を参照。

(22) 内田前掲註(16)論文を参照。
(23) 山田英雄「橡衣考」(『万葉集』岩波書店、一九九九年)を参照。
(24) 形式的には前節で取り上げた唐礼部式の賤人の服色規定に対応するものと考えられるが、延喜弾正台式の他の禁色・過差関係の規定と内容的に類似する点を重視するならば、九世紀以降の成立と推測される。
(25) 西嶋定生「中国古代奴婢制の再考察」(『西嶋定生東アジア史論集　第五巻　歴史学と東洋史学』岩波書店、二〇〇二年、初出一九六一年)を参照。
(26) 冨谷至『古代中国の刑罰』(中公新書、一九九五年)一一〇頁。
(27) 『三国志』巻十二魏書・毛玠伝所引の漢律を参照。
漢律、罪人妻子没為奴婢、黥面。

漢律、罪人の妻子は没して奴婢と為し、黥面せよ。
(28) 本章では取り扱うことができなかった身体標識に、髡髪がある。冨谷前掲註(26)書によると「断髪」を意味する髡刑も黥刑同様に漢人から夷狄への追放を意味していたという。奴婢は黥面のみならず、髡髪とされていたことが知られ、髻をおとしたざんばら髪(髡髪)も奴婢の身分標識の一つであったと考えられる。
(29) 仁井田陞「中国における刑罰体系の変遷」(『補訂中国法制史研究刑法』東京大学出版会、一九九一年、初版一九五九年)を参照。
(30) 『唐六典』の記事とほぼ同文が、『新唐書』巻四十六百官志・都官郎中条にみえる。
毎歳孟春上其籍、自黄口以上印臂、仲冬送於都官、条其生息而按比之。

毎歳孟春に其の籍を上すに、黄口より以上は臂に印し、仲冬に都官に送り、其の生息を条して按比せよ。

ただし、『唐六典』では十月に印臂する規定となっているが、『新唐書』では孟春となっていて相違がある。『新唐書』の記事は節略文であり、不正確な表現になったものと考えられる。
(31) 玉井是博「唐の賤民制度とその由来」(『支那社会経済史研究』岩波書店、一九四二年)一五四頁。

（32）『酉陽雑俎』の日本語訳に、今村与志雄訳注『酉陽雑俎』2（東洋文庫389）（平凡社、一九八〇年）があり、参照した。

（33）仁井田前掲註（29）論文を参照。

（34）則天武后が上官婉兒に黥面を行ったことは有名であるが、その時婉兒が官婢であったか、従良後であったかは不明である。『旧唐書』巻五十一列伝第一・后妃上・上官昭容伝、『新唐書』巻七十六列伝第一・后妃上・上官昭容伝、『酉陽雑俎』巻八黥、『北戸録』鶴子草等を参照。

（35）『酉陽雑俎』巻八黥には、「逃走奴」と文字が刻まれた例や化粧のように眉や両眼の角に入れ墨をした例、顔に月形や銭形の入れ墨をした例等が紹介されている。

（36）堀敏一「朱全忠政権の性格」（『唐末五代変革期の政治と経済』汲古書院、二〇〇二年、初出一九六一年）一九九～二〇〇頁には、朱全忠の軍隊においては兵士の逃亡を防ぐために髡黥が行われたことが紹介されている。

（37）『酉陽雑俎』の該当部分の記述は次の通りである。

大歴已前、士大夫妻多妬悍者、婢妾小不如意輒印面。故有月黥、銭黥。

大歴已前、士大夫の妻に妬悍なる者多く、婢妾小しも意の如くならざれば輒く印面す。故に月黥、銭黥有り。

これによれば、段成式は士大夫の妻の気性に印（黥）面の盛衰を結びつけて考えているようにもみえるが、あまりに一面的な捉え方であろう。全体的傾向として、大暦年間以降奴婢への印黥が衰退していったことを示すものと理解する。

（38）註（28）参照。

（39）〔酉陽雑俎巻八黥〕

上都街肆悪少率髡、而膚劄備衆物形状。……

上都街の肆悪少率（おおむね）髡し、而も膚劄して衆物の形状を備ふ。……

（40）高橋芳郎『宋―清身分法の研究』（北海道大学図書刊行会、二〇〇一年）は、宋代において良賤制が消滅したとするが、本章で述べた唐代後半の身分秩序の動揺とどのように接合するのか、また接合しないのか、今後の課題としたい。

（41）本書第二章「律令賤人制度の構造と特質」を参照。

(42) 私見によれば、院政期以降に人買い商人が史上に現れるように、人身の所有物化は中世社会に移行してからと考えている。ちなみに、日本において隷属民に対する身体標識が確認されるのは、中世以降である。『さんせう太夫』において、譜第下人とされた安寿姫とつし王丸が逃亡できぬようにと焼き印を顔に押しあてられた悲劇を想起してほしい。ただし、中国古代の黥とは違って、礼的秩序などとは無関係な身分標識であり、奴隷主の所有権を示す機能の方に重点があったと考えられる。

(43) 唐代賤人身分の普遍的性格については、本書第二章「律令賤人制度の構造と特質」を参照。

(44) 神野氏は、「皀衣という外的標識以外に、逃亡奴婢と良民をすぐさま色《(識カ)》別することは不可能という事情もあり、逃亡奴婢が本主の追及をふり切ることは、それほど困難なことではなかったと思われる」と述べられている（同註（2）書、二二八～二二九頁）。

(45) 東大寺の逃亡奴婢の探索にあたって、かつての仲間であった奴婢が起用されたのも、仲間であり、顔見知りでなくては、良人のなかに紛れ込んだ奴婢を到底みつけだすことができなかったからであろう。東大寺奴婢の逃亡については、櫛木謙周「奴婢逃亡論ノート」（『富山大学人文学部紀要』第九号、一九八五年）を参照。

(46) 本章では、家人・奴婢がなぜ「朝庭公事」の際に制服を着用させられたかについては全く問題とすることができなかったが、ここで簡単にその理由について私見を述べておきたい。家人・奴婢が「朝庭公事」にかかわりうることとしては、良賤訴訟が考えられる。そこでは在地社会と違って、顔を見知らぬ官吏が政務を執行するにあたって、整然と式次第を進める必要性から身分秩序の明示が求められたものと考える。良賤の判を宣する式次第は、『延喜式』巻二十九刑部省を参照。

〔補記〕 本稿初出後、神野清一氏から「我が国の奴婢の服色クロ（墨染色─榎本が補足─）は可視的身分標識であったのである」というご批判を頂いた（「身分標識としての奴婢の服色」（『日本歴史』七二三、二〇〇八年））。しかし、本章で述べたように、衣服令では朝庭公事以外での家人奴婢の服色を規定しておらず、日常的に「橡墨」を着用していたという明証は全く存在していないことから、神野氏のご批判を受け入れることはできない。賤人ではない女の従者が「橡墨染」色を通常の服色の一つとして規定されていることから（『延喜式』巻四十一、弾正台）、「橡墨（墨染）」という服色が賤人の身分標識でなかったことは明らかであろう。

第五章　日唐戸令当色為婚条について

序　言

賤人は婚をなしえたのか、またなしえたとしたら、それは良人と同じものであったか、違うものであったのかという問題は、賤人の法的性格を考える上で重要な問題である。また、婚は中国においては礼の規範にもとづくべきものであり、良賤制という礼秩序維持のための身分制度を研究する上でもゆるがせにできない問題である。

筆者は先に「唐戸令当色為婚条をめぐる覚書」という小文（以下、「前稿」と略称す）において、仁井田陞氏の唐戸令当色為婚条の復旧案の修正を行い、唐においては礼的秩序から排除された公私奴婢には「婚」は認められないこと、また「婚」を認められた官戸から太常音声人に至る身分は良と賤の中間的な身分ではないかということを述べた。(1) この拙論に対し山根清志氏から唐戸令当色為婚条の復旧修正案に対する批判を頂き、(2) また前稿発表後に発見された北宋天聖令所載の唐雑令に賤人の「婚」関連規定が存在することから、再度この問題について考えてみることにしたい。(3) また、唐戸令当条文の復旧案を確定した上で、対応する日本令の規定との比較を行い、両国の賤人身分の違いについても考えてみようと思う。

一　山根氏の批判の概要

山根氏は、次に示す仁井田陞氏の唐戸令当色為婚条の復旧案（唐令拾遺戸令三九条）のうち日本令を参考にして意補された「部曲客女公私奴婢」の八字の復原を問題とした滋賀秀三氏と筆者の説に批判を加えられた。

〔開二五〕諸工楽雑戸官戸、部曲客女、公私奴婢、皆当色為婚、

諸そ工楽・雑戸・官戸、部曲・客女、公私奴婢は、皆当色にて婚を為せ。

すなわち、復原資料である唐戸令逸文には私奴婢のことがみえないが、唐律令では私奴婢は明らかに当色婚原則であったと考えるべきであり、部曲と婢の通婚を認める（部曲や私婢の当色婚を否定する）立場から「部曲客女公私奴婢」の八字は復原根拠がきわめて薄弱であるとした滋賀氏[4]、そして基本的にその主張を支持し意補部分を削除すべきであるとした筆者の考えを退けられたのである。山根氏の批判は主として唐代私奴婢の当色婚原則にかかわるものであり、官奴婢の問題を中心に扱った拙稿というよりも滋賀氏の論に対する批判に重点がある。とはいえ、筆者も滋賀氏の考えを論拠の一つとして立論している以上、山根氏の批判に答える必要があるであろう。

滋賀氏と山根氏の対立の最も主要な論点は、唐名例律四七官戸部曲条疏議にみえる「部曲。謂私家所有。其妻通娶良人客女奴婢為之。部曲之女亦是。」の史料解釈にあるとみてよいだろう。これまでも本史料の解釈については、先学間で議論が闘わされてきており、玉井是博氏と濱口重國氏の「奴婢」衍字説が通説となってきている[5]。これに対し、滋賀氏は、まず濱口氏が「奴婢」を衍字とした上でさらに前後に文意の通じないところがあるとして意を以て字句の更改を試みられたことについて、「ここの文の流れ自体には疑うほどの無理は全く認められない」と字句更改の必要性

を否定され、「部曲が奴婢身分の女性を娶ることを禁ずる明文は唐代法源のなかに見出されない」こと、そして主が自家の婢と情交をもつことや解放して妾とすることが合法的なこととされていたことから「一段低い身分である部曲にとっては、奴婢身分の女性を娶って―妾でなく―妻とすることに妨げはなかった」として玉井・濱口両氏の説に異を唱えられたのである。筆者はこの滋賀氏の史料解釈に基本的に賛同するものだが、後述のように官奴婢については他身分との通娶を認めない規定が存在することから、部曲が娶ることができる奴婢身分の女性とは私奴婢身分に限定されることを前稿で述べた。

さて、この滋賀氏の所説に対し、山根氏は以下のような疑問と反対意見を述べられた。

① 「其妻通娶良人客女奴婢為之部曲之女亦是」について、「婢」と記して済むところをなぜわざわざ「奴婢」なのか等、ここの文の流れ自体には疑うほどの無理は全く認められない、とは必ずしも思えない。

② 部曲が奴婢身分の女性を娶ることを禁ずる明文は唐代法源のなかに見出されないとするが、官私の奴婢に当色婚原則が存在することによって、それに十分対応しえたと考えられる。

③ 主が婢を解放して妾にすることが合法とされていた以上、一段低い身分の部曲が婢を娶って妻となしえたとする点については、部曲が娶った婢の身分が解放されて客女となるのか、婢の身分のままなのかが問題となるが、滋賀氏の説では婢の身分のままであったと考えられる。氏は、「婢にとって部曲に嫁するためには当然自己の主の同意を要する。このとき主が同意を与えることは部曲客女への解放を含意するものと見做されたであろう。」と後文で述べられているが、この議論の根拠が不明確である。また、見做す主体は、畢竟国家と考えられ、〝見做し〟を想定せざるをえないこと自体、部曲を婢身分のまま娶ることを国家が認知する制度として許していなかったことを暗々裡に前提としているように思われる。

④　滋賀氏は、私家の部曲・奴婢の婚姻に関しては、国法による制約はなく、主家の拘束のみであったとされるが、その論理的帰結として主家の部曲と婢との婚姻が其の主の全き裁量下にあったとすることは理解されるが、この論理からは「婢にとって部曲に嫁するためには当然自己の主の同意を要する。このとき主が同意を与えることは部曲客女への解放を含意するものと見做されたであろう。」ということは、論理必然的には導き出されない。

⑤　唐代良賤制の当色婚原則の一例外である部曲妻を良人女から取って充てる場合については個別に色々なケースを想定しつつ律はそれなりに具体的に規定しているのに対し、部曲が婢と結婚しても適法だとするのは名例律47官戸部曲条の疏議ただ一箇所だけであり、唐律令全体のなかでも孤立しているのは奇妙である。

山根氏の批判を筆者の理解により大胆に要約するならば、以上のように大略五点にまとめられることと思う。筆者に対する直接の批判ではないため、滋賀氏の真意を誤解している部分もあると思われるが、節を改め山根氏の批判を筆者なりに検討してみたい。

二　「山根説」の検討

①の批判点については、山根氏自身述べられるように「文章の問題として議論するかぎりは、衍字と見る説とそうでない説とで決着がつきそうにない」と思われる。ただし、山根氏の「「婢」と記して済むところを何故わざわざ「奴婢」なのか」という疑問にだけ、簡単に答えたいと思う。山根氏の疑問は「良人客女奴婢」とあるうちの「奴婢」という表記にのみ向けられているが、その疑問は「良人」という表記にも同じく向けられるべきである。氏のいう意味で問題の疏議の文章を解釈するならば、「良人」も「良女」ないし「良人女」などの表記でなければならないというこ

とになるであろう。滋賀氏が当該箇所を常に「婢」ではなく、「奴婢身分の女性」と解釈されているように、「良人」も「奴婢」もそれぞれ「良人身分（の女性）」、「奴婢身分（の女性）」という意味での表記と考えるべきものと思う。実際、他の疏議の部曲妻の説明箇所においては「良人女」、「良人」と二通りの表記が存在しており(6)、「良人女」に対しては「婢」が然るべき表記かもしれないが、「良人」に対しては「奴婢」という表記が対応することは当然なことではないだろうか。

①の批判点について検討するにあたってまず確認しておきたいこととして、先にもふれたように「部曲が奴婢身分の女性を娶ることを禁ずる明文は法源のなかに見出されない」という滋賀氏の所論中の「奴婢身分」とは、私奴婢身分のことと限定して考える必要があるということである。次に示すように、官奴婢については同身分間のみの配偶が規定されていたからである（ちなみに、この規定は後述するように唐雑令に含まれていた）。

〔唐六典巻六都官郎中員外郎条〕

男女既成、各従其類而配偶之。

男女已に成らば、各其の類に従ひて配偶せよ。

〔唐六典巻十九司農寺条〕

凡官戸奴婢男女成人、先以本色媲偶。

凡そ官戸・奴婢の男女成人せば、先に本色を以て媲偶せよ。

〔新唐書巻四十八百官志、司農寺条〕

官戸奴婢有技能者配諸司、婦人入掖庭。以類相偶。

官戸・奴婢に技能あらば諸司に配し、婦人は掖庭に入れよ。類を以て相偶せしめよ。

山根氏は「官私の奴婢に当色婚原則が存在することによって、それに十分対応しえたと考えられる。」とされるが、筆者にはわかりにくい表現である。あるいは誤読しているかもしれないが、山根氏が滋賀氏の所論に対する批判を展開する前の部分で「1私奴婢の当色婚原則について」として述べた内容により、滋賀氏の「部曲が奴婢身分の女性を娶ることを禁ずる明文は法源のなかに見出されない」という所説への反論をなし得たという文意で理解しておきたい。官奴婢については、上述したように「当色婚」（筆者は奴婢については「婚」はありえないと考える）原則が法規として確認できるが、私奴婢についてはどうであろうか。山根氏は「十分対応しえたと考えられ」ておられるが、筆者にはそのように思われない。すなわち、山根氏が「1私奴婢の当色婚原則について」として述べられた内容では、濱口氏や仁井田氏らの研究を引用しつつ奴婢とその他の身分間の「婚姻」について細かく検討されているが、(7)一番問題とすべき部曲と私婢とのケースが抜け落ちているなど、私奴婢の「当色婚」原則が検証されたとは認めがたい。全てのケースを検討した上での結論であれば納得できるが、部分的検討の結果を以て原則とすることはできないであろう。

③の批判点においては、滋賀氏が「婢にとって部曲に嫁するためには当然自己の主の同意を要する。このとき主が同意を与えることは部曲客女への解放を含意するものと見做されたであろう。」と述べられた部分の論拠と「見做」す主体が何かということが問題とされている。滋賀氏の文章はきわめて簡潔なため、山根氏と筆者とでは多少理解に食い違いがあるようなので、まずその点を明らかにしておきたい。

筆者の滋賀氏の所説の理解は、以下の通りである。奴婢が資財に比され、主の処分によったことは『唐律疏議』中に繰り返しみられるものであり、(8)婢が嫁するためには相手が部曲であろうと奴であろうと主の同意を得る必要があることは自明である。その際、主が同意するということは、主が幸した（情交関係をもった＝事実上の妾である）自家の婢をその後解放して妾にすることが合法であったように、(9)部曲が娶った婢を（実際に法手続きをとるとらないを別として、事実上の扱いということも含めて）解放して部曲客女身分とすることについても主の合意が含まれているとみなされた、という意味に理解する。

山根氏は「つまるところ、婢の部曲への嫁に主が同意を与えることは客女身分への解放を含意するものと見做されたであろう云々の議論は、何を根拠にしての推測なのか知り得ない。」と述べられているが、上述の筆者の理解に示したように主と幸された婢との事例を基本的な根拠としての議論であると考える。また、「見做」す主体が何かということだが、滋賀氏がその主体を特定していないように、一般にそう「見做された」ということであって、山根氏のように「見做」す主体を〝国家〟と極限する必然性はないと考える。

山根氏と筆者との理解の違いの根元は、「娶」という語の理解にあるように思われる。筆者の滋賀説理解の論理を具体的に説明するためにも、この点について少し詳しく述べることにしたい。山根氏は「娶」と「婚」を同義で捉えているようだが、「娶」は「婚」とは違い儀礼や法定手続きをふんだ正式な夫婦関係の形成のみならず、それ以外の夫婦関係の形成、例えば「事実婚」（滋賀氏の言を借りるならば、「情交」関係というべきか）も含みうる用語であると理解する。良人たる主と婢との間の情交は「幸」として合法的な関係とされていたように、部曲が婢を「娶る」ということは情交関係として認められていたということであって、必ずしもそうした「事実婚」的関係の成立が法的身分の変更を伴うものではなかったと考える。このことは、良女から取られた部曲妻の場合と同様なことと考えられるであろう。良身分出身の部曲妻と賤身分の部曲との関係も常に「婚」ではなく、「娶」などと表記されており[13]、礼法上の要件を充たした正式な婚姻関係と区別されていたと思われる。良人から取られた部曲妻は、部曲との夫婦関係が存続する限りは部曲身分と同様な扱いを受けたが、夫たる部曲が亡くなり、その服喪期間が終われば良人として扱われた。部曲の妻となった良女は、その夫婦関係により法的扱いは「部曲」と同じものに変更されたが[12]、『唐律疏議』が全く身分の変更を問題としていないように一貫して良人身分のままであったと考えられる。その意味では、部曲の娶った婢も、主の合意のもとに「事実婚」的関係が存続する限りは部曲客女身分と同じ扱いを受けたものと思われる。ただし、良女の部曲妻とは違って、婢の部曲妻の場合はあくまでもその処分権を有した主の了解の範囲で認められたものであって、法＝国家によって規制されたものではない。滋賀氏の「（部曲に嫁した婢の）部曲客女身分への解放を含意すると見做されたであろう」というのは、実際に法手続をとって婢の法的身分を変更することもありえただろうが、良人の部曲妻の事例を参考にするならば、主の同意のもとに婢身分のまま部曲客女身分と同じ扱いを受けることが認められた—実質的な解放と同じ扱い・待遇—ということを述べているように思われる。

なお、滋賀氏は部曲は良人より身分が一段低いので、婢を娶って妾ではなく妻とすることにも妨げはなかったと考えられておられるが、その点については多少修正ないし補足が必要と思われる。良人が婢から解放した女性を妻とすることができなかったのは祭祀から排除されていた婢は「承嫡之重」に堪えられないからであって、そのために「家事を伝え、祭祀を承ける」妻ではなく妾とされたのである⒀。それに対して、部曲客女身分自体賤身分として祭祀など礼的秩序から排除されている以上⒁、妻として祭祀を行うことの資格は問われなかった故に、奴婢身分であったとしても部曲の妻となることに妨げがなかったと考えられるのではないだろうか。

以上のような筆者の理解によれば、山根氏の③の批判点のみならず、④の批判点も、何ら問題とならないであろう。良人と部曲の通娶の場合と違って、自家の部曲と婢の通娶については全く主の裁量下にあるわけであり、実質的な夫婦関係としてのみ認め、法的な身分変更などをしない限り、国家の関与するところではなかったと考えられる。例えば、部曲と婢の通娶は「婚」ではないと考えるので、法的身分の変更をしない限りは夫婦関係を記すといった戸籍記載の変更を必ずしなければならないということではなかったと考える。それは、主の「幸を受けている」（情交関係をもっている＝実質的な妾である）婢に、「妾」という戸籍記載がされないことと同じことであろう。子どもが生まれるなどの何らかの必要が生じた際には、それこそ幸を受けた婢と同様に部曲の妻たる婢も法的手続きにより解放されて、身分変更と夫婦・家族関係が戸籍に記載されたものと理解する。唐代の私奴婢と部曲の戸籍記載を調べてみると、奴婢には夫婦関係・親子関係が一切記されていないのに対し、部曲の場合にはそうした家族記載が明記されていることが確認される。(15) このことは、奴婢の家族関係は国家によって保証されるものではなく、主の裁量下にあって保護されることも侵害されることもあったことを意味する。実際、主が自家の婢ならば、たとえ夫もちの婢を姦しても罪とはならなかったし、自家の奴婢ならば家族と切り離して売却しようとも主の勝手であった。(16)

⑤の批判点では、良女が部曲妻となったケースと婢が部曲の妻となったケースとでは、同じく当色婚原則の例外的なケースでありながら、前者についてては律での言及が多くなされているのに対し、後者についてはただ一箇所で述べられているだけであるという史料の偏在が問題にされている。筆者は繰り返し述べているように、そもそも当該のケースを「婚」とは考えていないので、前提から食い違っているのだが、そのことは次節において改めて問題とする。

山根氏は後者のケースの史料が孤立しているので信拠を置きがたいと考えられているようだが、同じく部曲に嫁するといっても、主の全き裁量下にある婢との通娶のケースと、国家がその身分的維持に注意を払った良人身分の女性との通娶のケースとでは国家の関心が全然違うのは当然であって、その関心の度合いの違いが『唐律疏議』における言及の多寡にあらわれたにすぎないものと考える。明確な反証がないかぎり、たとえ孤立した史料であっても、その史料の内容を否定しさることはできないであろう。山根氏は十分な反証を示されたと考えられておられるようだが、以上述べてきたように筆者には滋賀氏の所説が否定されたとは思われない。むしろ、基本的に「滋賀説」は正しいと考える。

山根氏と筆者の論の当否は、結局奴婢に「当色婚」原則が存在していたのかという問題に尽きると思われる。先に筆者は山根氏の公私奴婢における「当色婚」原則存在について論証の不備を指摘したが、節を改め、さらに奴婢は「当色婚」でなかったことを積極的に示す証拠を提示することにしたい。

三　唐代奴婢の「当色婚」原則の有無

近年発見された北宋天聖令の残本中には、田令から雑令に至る唐開元二十五年令の後ろ三分の一の篇目にあたる部分の唐令条文が掲載されており、唐代の官奴婢等にかかわる令文も何条か含まれている。(17) そのうち、本章の内容にかかわる官奴婢等の管理について規定した令文のみを次に摘記する。

〔宋天聖雑令唐17条〕
諸官戸、奴婢男女成長者、先令（?）当司本色令相配偶。
　諸そ官戸・奴婢の男女成長しなば、先に当司をして本色にて相配偶せしめよ。

〔宋天聖雑令唐19条〕
諸官戸皆在本司分番上下。毎（年?）十月、都官案比。男年十三以上、在外州者十五以上、各取容貌端正者、送太楽。（其不堪送太楽者、自十五以下皆免入役。）十六以上送鼓吹及少府監教習、使有工能。官奴婢亦準官戸例分番。（下番日則不給糧。）願長上者、聴。其父兄先有技業堪伝習者、不在簡例。雑戸亦任（在?）本司分番上下。
　諸そ官戸は皆本司に在りて分番上下せよ。毎年十月、都官案比せよ。男の年十三以上、外州に在りては十五以上、各容貌端正なる者を取りて、太楽に送れ。（其れ太楽に送るに堪へざれば、十五より以下は皆役に入るを免ぜよ。）十六以上は鼓吹及び少府監に送り教習し、工能有らしめよ。官奴婢も亦た官戸の例に準じて分番せよ。（下番には則ち糧を給はざれ。）長上を願はば、聴せ。其れ父兄先に技業有りて伝習に堪へなば、簡ぶ例に在らず。雑戸も亦た本司に在りて分番上下せよ。

〔宋天聖雑令唐22条〕

諸雑戸、官戸、奴婢主（居？）作者、毎十人給一人充火頭、不在功課之限。毎旬放休仮一日。元日、冬至、臘、寒食、各放三日。産没（後）及父母喪、各給仮一月。期喪、給仮七日。即（官？）戸奴婢老疾、準雑戸例。応侍者、本司毎聴一人免役扶持（侍？）、先尽当家男女。其官戸婦女及婢、夫、子見執作、生児女周年並免役。（男女三歳以下、仍従軽役。）

諸そ雑戸・官戸・奴婢居作せば、十人毎に一人を給ひ火頭に充て、功課の限りに在らず。旬毎に休仮一日を放せ。元日・冬至・臘・寒食には、各三日放せ。産後及び父母の喪には、各仮一月を給へ。期喪には、仮七日を給へ。即し官戸・奴婢老疾せば、雑戸の例に準ぜよ。応に侍すべきは、本司、一人を聴す毎に役を免じ扶侍せしめ、先に当家の男女を尽くせ。其れ官戸の婦女及び婢、夫・子見に執作せば、児女を生まば周年並に役を免ぜよ。（男女三歳以下は、仍って軽き役に従へよ。）

以上の三条については、ほぼ同内容の規定が『唐六典』などにみられ、全く未知の内容というのは案外少ないのだが、それでも『唐六典』などに比べ詳しく正確な内容となっており、従来の唐令についての知見を大いに改めうる部分がある。例えば、本章で問題としている官奴婢の「当色婚」の問題を、これら新発見の唐雑令によって解決することができると思われる。

次の『唐六典』の記事をもとに、仁井田氏は『唐令拾遺』雑令第二四条を復原されたが、そこにおいては官戸・奴婢の「婚」假が規定された形となっている。

〔唐六典巻六都官郎中員外郎条〕

凡元、冬、寒食、喪、婚、乳免咸与其仮焉。（官戸、奴婢、元日、冬至、寒食放三日仮、産後及父母喪、婚放一月、聞親喪放七日。）

凡そ元、冬、寒食、喪、婚、乳免は咸な其の仮を与へよ。（官戸・奴婢は、元日・冬至・寒食には三日の仮を放せ。産後及び父母の喪、婚には一月放し、親の喪を聞かば七日放せ。）

〔唐令拾遺雑令第二四条〕

諸官戸奴婢、元日冬至寒食、放三日仮。産後及父母喪婚、放一月、聞親喪放七日、

諸そ官戸・奴婢は、元日・冬至・寒食には三日の仮を放せ。産後及び父母の喪、婚には、一月放せ。親の喪を聞かば七日放せ。

従来、この『唐六典』や『唐令拾遺』の規定によって、唐代法において奴婢が「婚」をなすことは認められていたと考えられている。(18) これに対して、筆者は前稿において、官人でも婚仮は九日のみであるのに官戸・奴婢が一月も婚仮を与えられたとは考えがたいこと、次に示す日本令の対応条文には婚仮が規定されていないことを論拠として、『唐六典』の「婚」字は竄入の可能性のあることを指摘した。

〔日本養老雑令32官戸奴婢条〕

凡官戸奴婢者、毎旬放休仮一日。父母喪者、給仮三十日。産後十五日、其懐妊及有三歳以下男女者、並従軽役。

凡そ官戸・奴婢は、旬毎に休仮一日放せ。父母喪したらば、假三十日給へ。産の後十五日、其れ懐妊し、及び三歳以下の男女有らば、並に軽き役に従へよ。

この筆者の想定が、図らずも先掲の天聖雑令唐22条によって証明されることになった。この天聖雑令唐22条こそ、日本の養老雑令32官戸奴婢条に対応する唐令の規定であり、その双方に「婚」字が存在しないことにより、官戸・官奴婢に婚假が与えられていなかったことが確定したと考える。[19]さらにいうならば、天聖雑令唐19条にもみえるように官戸は司農寺などの官司に番上するものであり、たとえ婚假が与えられていなくとも、番上期間以外において婚にかかわる儀礼や法的手続きを行うための日時を確保することができるが、長役無番の官奴婢に婚假が認められていないということは婚そのものが認められていなかったことを示していると考えられよう。[20]そもそも、『唐六典』の記事は唐代の奴婢が婚をなしえたとする唯一の史料的根拠であったわけであり、その消失は唐代奴婢の婚姻に関する通説が完全に破綻したことを意味する。

何度も述べるようだが、唐代の奴婢は資財や畜産に比され、主（官奴婢の場合は、官）の処分によったわけであり、その点からしても資財などと同じ扱いを受けた奴婢に婚を行う法的能力はなかったと考えられよう。そのことは、天聖雑令唐17条に規定されているように、官奴婢は所轄の官司によって同身分男女の配偶が強制され、自らの意志・権限で夫婦関係を形成することはできなかったのであり、あくまでも主たる官（国家）の意向によって夫婦関係が作られたことに、はっきりと示されている。同様なことは私奴婢の場合にもいえるのであって、明確な法規定としては確認できないが、奴婢の夫婦関係の形成にあたって、主が「配（偶）」したとする史料は唐代の史籍に散見する。[21]また、奴婢は賤身分として礼的秩序から排除されているので、婚礼という儀礼に参加する資格も認められていなかったと考えられる。

以上、要するに、唐代法においては公私ともに奴婢身分の者には礼法上の要件を充たす必要のある婚は認められていなかったことを明らかにすることができたことと思う。奴婢にあるのは繁殖のための配偶であって、決して一家（家族）を形成するための婚は認められていなかったのである。このことは、先述のように、奴婢の戸籍記載には、家族関係が全くなかったことに象徴される。事実上の夫婦関係や親子関係があったとしても、主や官の意向によって、そうした家族関係はいつでも破壊されうるものであった。(22)

奴婢身分には婚自体が認められていないのであるから、「当色婚」原則が存在しないのは明らかであろう。それでは、唐戸令当色為婚条はどのように復原されるべきであろうか、次節において改めて私見を述べることにしたい。

四　日唐戸令当色為婚条の比較

唐戸令当色為婚条の復原私案を示す前に、今一度、部曲客女身分の「当色婚」原則の有無について確認しておきたい。まず、管見の限りでは、部曲客女身分についても婚をなしえたとする史料は存在しない。(23) また、賤身分であったことは確実であることから、奴婢同様婚礼を行う資格を有していなかったと考えられる。(24) すなわち、部曲は異身分の女性を娶ることができたばかりでなく、そもそも婚の認められる存在とは考えがたく、部曲客女身分には「当色婚」原則は該当しなかったと判断されるのである。

これまでの行論により、公私奴婢身分のみならず、部曲客女身分においても「当色婚」原則が存在しなかったことを確認できたと考える。したがって、前稿で述べたのと同じく、唐戸令当色為婚条は、仁井田氏の復原案から意補した「部曲客女公私奴婢」の八字を削除し、次のように復原すべきであると考える。(25)

〔開二五〕諸工楽雑戸官戸、皆当色為婚、

　諸そ工楽、雑戸、官戸は、皆当色にて婚を為せ。

唐戸令当色為婚条の現段階での一番確実な復原案と考えるが、仁井田氏の意補された部分に相当するものが日本令には存在することから、なぜ日本令では唐令にないものを補ったかということを明らかにしないことには、この復原案の問題は完了しないだろう。日本令の対応条文は、次の通りである。

〔日本養老戸令35当色為婚条〕

凡陵戸、官戸、家人、公私奴婢、皆当色為婚。

凡そ陵戸、官戸、家人、公私奴婢は、皆当色にて婚を為せ。

この規定のうち、陵戸については、大宝令には存在していなかったとされる。陵戸が唐令の何の身分に相当するのかという問題もあるが、ここでは官戸以上の身分についてはさておいて、唐令には相当するものがない家人、そして公私奴婢身分が規定されていることの理由について、いささか考えてみることにしたい。

日唐の戸令当色為婚条を比較するにあたって、その前提として、まず両国の「婚」の概念・婚姻慣行の違い、また家族のあり方の相違なども当然考慮する必要があろう。古代日本においては、一般に婚姻の礼にもとづかず事実上の夫婦関係（情交関係）の形成をもって「婚」と称していたようで、「姦」（婚礼にもとづかない男女の情交）との区別もあいまいであった。しかも必ずしも夫婦同居というわけではなく、情交関係が途絶えれば夫婦関係も解消したとみなされるなど、その結びつきもゆるやかであったと考えられている。(26)そういうわけで、古代日本では唐における「婚」という用語が厳密に用いられていたわけではなく、礼婚以外の夫婦関係の形成にも広く用いられていたと考えられる。したがって、唐においては「婚」をなしえた者は礼的秩序内の存在と考えられるが、日本令において「婚」を規定された家人や公私奴婢が礼的秩序に含まれたということにはならないのである。そうした「婚」概念などの違いが前提となって、唐令では排除された部曲客女・公私奴婢身分に相当する家人・公私奴婢身分を日本令では礼の有無とはかかわらず規定できたということがまずあるだろう[27]。

次に考えるべきことは、天聖雑令唐17条に相当する規定が日本令に存在しない、すなわち削除されたことの理由である。唐法では、官戸（恐らく部曲客女も）や公私奴婢は官ないし主の意向のもとに配偶を強制されていたわけだが[28]、官戸・奴婢の配偶規定が日本令で削除されたのは、日本の官戸・奴婢は官の意向によらず自ら夫婦関係を形成することができたことを示しているものと考える。官戸の実際の存在形態については不明だが[29]、主体をなした官奴婢の場合は在村したまま口分田を耕作するなど良民とほとんど異ならない自立的な生活をしていたと考えられ[30]、夫婦関係や家族関係などについても官の介入をそれほど受けるような状態にはなかったと考えられる。家人や私奴婢については、その存在形態にかかわる史料があまりないので確かなことはいえないが、受田規定のない唐の私賤人（部曲客女・私奴婢）とは違い良人の三分の一とはいえ口分田が与えられていたことから、唐の私賤民よりある程度自立性を有していたと考えられるものと思う[31]。したがって、家人・私奴婢の夫婦関係についても、唐の私賤人に比べれば、主の意向から比較的自由な立場にあったものと想像される。その意味では、古代日本においては家人・公私奴婢の夫婦関係の形成においては、他の諸身分の夫婦関係の場合と本質的な違いがなく、全ての夫婦関係の形成を「婚」と表現することに不都合がなかったものと考えられる。ちなみに、日本古代において良賤通婚が盛んであった背景には、以上に述べた私賤人が主の意向によらず自由に婚姻できたと思われること、そして中国的な礼の秩序と無関係に賤人制が成立したことなどが大きくかかわっていると考える[32]。

それでは、最後に、家人・私奴婢が「当色婚」を規定されたことの意味を考えることにしたい。唐の部曲は良女・客女・私婢との通娶が認められたのに対し、日本の家人・私奴婢は同身分間の「婚」のみが規定されたのは、なぜであろうか。唐令では礼的秩序の紊乱を防ぐために異身分間の通婚を禁止し、異身分間の通娶は「婚」自体からも排除するという規定であったわけだが、日本令の場合は上述のように礼制とはあまり関係がないと思われ、唐令とは全く違う目的で「当色婚」を規定したと考えられる。それは、日本の賤人制が律令制以前からの支配層の経済基盤を維持するための身分制度であって、そのためにそれまでの譜第隷属民を身分的に固定したものであり、部民制ないし氏族制と呼ばれるタテ割的な支配関係を遺存させたものであったことに大きく起因するものと思う[33]。賤人と主人（官司）との部民制的な個別・固定的関係を安定・永続化させるためには、異身分間の通娶などによってその関係が流動・不安定化することを防ぐ必要があったものと考えられる。日本令において、家人・公私奴婢の「当色婚」を規定したのは、そのような日本の賤人制の特質によるものであったと考える。

結　語

本章では、山根氏の批判に答える形で、日唐賤人における「婚」の問題を当色婚規定を中心に考察した。その結論を要約すると、以下の通りである。

1. 唐戸令当色為婚条で規定されたのは工楽・雑戸・官戸であり、部曲客女・公私奴婢を復原するのは誤りである。
2. 唐代においては、礼的秩序から排除された部曲客女・公私奴婢には礼的規範にもとづく「婚（礼）」は認められていなかった。
3. 日本戸令当色為婚条に家人・公私奴婢を規定したのは、日本古代の婚姻慣行・制度が儒教的礼制とは無関係であり、賤人と主人（官司）との部民制的な個別・固定的関係の流動化・不安定化を防ぐためであったと考えられる。

前稿の考察をいささか進めることができたのではないかと思うが、前稿で論じ残した問題を全て検討できたわけではない。すなわち、唐における「婚」は礼制にかかわる問題であり、官戸以上の「婚」の認められた諸身分と「婚」の認められなかった部曲客女・公私奴婢身分との関係をどのように考えるべきかということについては全くふれることができなかった。このことは、賤人身分全てが一括して戸令当色為婚条に規定された日本と大きく異なる部分でもあり、両国の賤人制の違いを考える上でも、重要な視点となりうるであろう。この点、今後、さらに考究し続けたいと思う。

註

（1）『小田義久博士還暦記念東洋史論集』（龍谷大学東洋史研究会、一九九五年）所収。本書附篇二として収載す。

（2）山根清志「唐代良賤制と当色婚原則―特に私賤人を中心に―」（唐代史研究会編『東アジア史における国家と地域』刀水書房、一九九九年）。本章における山根氏の所論は全てこれによるので、以下、本論文の引用についてはとくにことわらないことにする。

（3）天聖雑令に関する研究には、戴建国「唐《開元二十五年令・雑令》復原研究」（『文史』二〇〇六年第三輯）、池田温「唐令と日本令（三）唐令復原研究の新段階」（『創価大学人文論集』一二、二〇〇〇年）、三上喜孝「北宋天聖雑令に関する覚書―日本令との比較の観点から―」（『山形大学歴史・地理・人類学論集』八、二〇〇七年）、黄正建「天聖雑令復原唐令研究」（天一閣博物館・中国社会科学院歴史研究所天聖令整理課題組校証『天一閣蔵明鈔本天聖令校証　附唐令復原研究』中華書局、二〇〇六年）などがある。

（4）滋賀秀三「名例」（『訳注日本律令』五、東京堂出版、一九七九年）。本章における滋賀氏の所論は全てこれによるので、以下、本論文の引用についてはとくにことわらないことにする。

（5）玉井是博「唐の賤民制度とその由来」（『支那社会経済史研究』岩波書店、一九四二年、初出一九二九年）、濱口重國『唐王

朝の賤人制度』（東洋史研究会、一九六六年）第二章「部曲客女の研究」第二節第二項などを参照。

（6）「良人女」とするのは、唐名例律二〇府号官称条疏議、戸婚律一一放部曲為良条疏議、雑律一三錯認良人為奴婢条、捕亡律一三官戸奴婢亡条疏議である。一方、「良人」とするのは、唐名例律四七官戸部曲条疏議と闘訟律一九部曲奴婢良人相殴条疏議である。

（7）仁井田陞「部曲・奴婢法」（『支那身分法史』東方文化学院、一九四二年。後、東京大学出版会より『中国身分法史』と改題し、一九八三年に復刊）、濱口前掲註（5）書などを参照。

（8）唐名例律四七官戸部曲条には「奴婢賤人。律比畜産。」、戸婚律四三雑戸不得娶良人条疏議には「奴婢既同資財。即合由主処分。」などとある。

（9）唐戸婚律二九以妻為妾条疏議、闘訟律二一条疏議などを参照。

（10）唐名例律二〇・四七条、戸婚律一一条、雑律一三条、捕亡律一三条の各疏議を参照。

（11）唐戸婚律一一放部曲為良条疏議を参照。

（12）唐名例律四七官戸部曲条などを参照。

（13）唐戸婚律二九以妻為妾条疏議を参照。

（14）西嶋定生「中国古代奴婢制の再考察」（『西嶋定生東アジア史論集　第五巻　歴史学と東洋史学』岩波書店、二〇〇二年、初出一九六一年）、尾形勇「身分制的秩序と国家秩序」（『中国古代の「家」と国家』岩波書店、一九七九年。初出原題「良賤制の展開とその性格」一九七〇年）を参照。

（15）稲田奈津子「唐日律令賤民制の一考察―賤民間の階層的秩序について」（『東方学』一〇五、二〇〇三年）を参照。

（16）濱口前掲註（5）書第一章「私奴婢の研究」第三節第二項を参照。

（17）天聖令の全体像・意義については、岡野誠「明鈔本北宋天聖令残巻の出現について」（『法史学研究会会報』七、二〇〇二年）、大津透「北宋天聖令の公刊とその意義―日唐律令比較研究の新段階―」（同編『律令制研究入門』名著刊行会、二〇一一年、初出二〇〇七年）、丸山裕美子「日唐令復原・比較研究の新地平―北宋天聖令残巻と日本古代史研究」（『歴史科学』一

九一、二〇〇八年）、辻正博「思いがけぬ新史料の「発見」―天一閣蔵明鈔本「天聖令」」（『人環フォーラム』二九、二〇一一年）などを参照。

(18) 仁井田前掲註（7）論文、同「唐代法における奴婢の地位再論」（『史学雑誌』第七四編第一号、一九六五年）を参照。

(19) 前稿で挙げた論拠以外にも、『唐六典』の規定のままでは、父母の喪と（期）親の喪の間に婚がはさまるという、文脈上の不合理も存在している。なお、「唐雑令第二十条」の「期喪」という表記を参考にするならば、『唐六典』の「聞親喪」は、「期親喪」の誤りの可能性が高いと思われる。

(20) 『唐六典』巻六都官郎中員外郎条に、「其官奴婢長役無番也」という規定がみえる。

(21) 唐戸婚律一一放部曲為良条疏議では「配」が用いられており、『新唐書』巻一九六隠逸・張志和伝や『太平広記』巻三七五再生一・李仲通婢などでは主が奴婢を配（偶）した話がみえる。

(22) 人に賜与する場合は官奴婢の家族を分張してはならないという規定が知られるが、それはあくまでも例外規定であり、それ以外においてはそうした措置がとられず、夫婦・親子が分散されることがあったことを暗示している。

〔唐六典巻六都官郎中員外郎条〕

諸官奴婢賜給人者、夫、妻、男、女不得分張。三歳已下聴随母、不充数。若応簡進内者、取無夫無男女也。

諸そ官奴婢を人に賜給せば、夫妻男女を分張するを得ず。三歳已下は、母に随ふを聴し、数には充てざれ。若し応に簡びて内に進むべくは、夫無く男女無きを取るなり。

(23) 前掲註（10）参照。

(24) 堀敏一「中国古代における良賤制の展開」（『均田制の研究』岩波書店、一九七五年）、同『中国古代の身分制―良と賤』（汲古書院、一九八七年）序章を参照。なお、稲田前掲註（15）前掲論文は部曲も「婚」をなしえたとするが、主人の戸籍に附載され、給田されず、奴婢と同一の身分標識を付されるなど奴婢身分との類似性を考慮すれば、官戸のように婚が認められたか疑問である。なお、法律上の用法ではないが、奴の配偶者にも「妻」の呼称が用いられることがあり（註（21）に記した『太平広記』を参照）、「妻」という用語だけで「婚」が認められていたとは判断できないのではないかと考える。

(25) 仁井田氏も『唐令拾遺』戸令第四〇条の復旧案において、太常音声人の婚についての規定と当色為婚条とが同一条文をなしていた可能性を考慮されていたように、筆者もこの復原案が絶対であるとは考えていない。現段階では、部曲客女と公私奴婢についての規定が存在しなかったことを復原案に示すことができればよいと考えている。

(26) 古代日本の婚姻については、関口裕子『日本古代婚姻史の研究』上・下（塙書房、一九九三年）などを参照。

(27) 前稿（本書附篇二）において、官戸と部曲の違いについて想定したこととして、「婚」の有無以外に、官戸は給田されるのに対し、部曲客女は給田されなかっただろうと述べた。このことは天聖田令の発見により、確認されることとなった。

(28) 唐戸婚律一一放部曲為良条疏議では、部曲の場合にも主が「配（偶）」したととれる問答の内容がみえる。

(29) 官戸の存在形態を直接示す史料は皆無に近いが、官戸にかかわると思われる史料を紹介したものに、杉本一樹「中倉二〇二、第一二四号櫃内から発見された文書断簡」（『正倉院紀要』九、一九八七年）がある。

(30) 本書第二章「律令賤人制度の構造と特質」を参照。

(31) 本書第二章「律令賤人制度の構造と特質」を参照。

(32) 筆者は、日本の賤人制自体、礼の理念とは無関係なものと考えている。本書第二章「律令賤人制度の構造と特質」を参照。

(33) 本書第二章「律令賤人制度の構造と特質」を参照。

第六章　天聖令からみた日唐奴婢売買の諸問題

序　言

北宋天聖令には、奴婢売買に関連する規定が三条存在する。次に示すように、関市令に一条、捕亡令に二条存在する。

〔宋天聖関市令宋13条〕

諸売牛馬駝騾驢、皆価定立券、本司朱印給付。若度関者、験過所有実、亦即聴売。

諸そ牛・馬・駝・騾・驢を売らば、皆価定立券し、本司朱印して給付せよ。若し関を度らば、過所を験じて実有らば、亦即ち売るを聴せ。

〔宋天聖捕亡令宋4条〕

諸亡失奴婢雑畜貨物等、於随近官司申牒案記。若已入蕃境、還売入国、券証分明、皆還本主、本主酬直。奴婢自還者、帰主。

諸そ奴婢・雑畜・貨物等を亡失せらば、随近の官司に於て申牒案記せよ。若し已に蕃境に入りて、還り売られて国に入り、券証分明ならば、皆本主に還し、本主直を酬ひよ。奴婢自ら還らば、主に帰せ。

〔宋天聖捕亡令唐7条〕

諸評逃亡奴婢価者、皆将奴婢対官司評之、勘捉処市価。如無市者、準送処市価。若経五十日無賞可酬者、令本主与捉人対売分賞。

諸そ逃亡の奴婢の価を評らむこと、皆奴婢を将ちて官司に対ひて評り、捉ふる処の市価を勘へよ。如し市無ければ、送る処の市価に準ぜよ。若し五十日を経るまでに、酬ゆべき賞無くは、本主をして捉へたる人と対ふて売り分ち賞はしめよ。

本章では、この三条の唐令復原を通じて、唐代と古代日本の奴婢制の特質や違いについて明らかにしたいと思う。律令の規定によれば、奴婢は牛馬資財と同様に売買の対象となっており、このことが奴婢の奴隷としての性格を端的に示すものとされている(1)。奴婢売買が唐と日本それぞれでどのように規定されているかを比較検討することにより、両国における奴婢の法的性格の差違を明らかにすることが可能であり、さらには法の背景にある実態を浮かび上がらせることができるものと考える。

また、近年の西域出土文書研究の進展により、西域における奴婢売買の実相が解明されてきているが(2)、西域における奴婢売買の実態と法的性格はどのように関連するのか、また西域の奴婢売買を唐代史上にどのように位置づけることができるのかという問題についても考えてみたいと思う。

一　唐令の奴婢売買関連規定の復原

まず、検討の対象とする天聖令三条の唐令復原から考えてみたい。本章で取り上げる唐令の復原についてはすでに孟彦弘氏が大変綿密な研究を行っており、以下の検討は孟氏の研究成果を下敷きにしたものであることを最初にお断りしておきたい。孟氏の研究から学ぶところも多いが、氏の唐令復原案に問題を感ずるところもあり、以下に私見を述べることにしたい。

1　唐関市令売買奴婢条の復原

孟氏は、後掲の養老関市令16条、『唐六典』巻二十所収の唐令取意文、唐雑律三四条およびその疏議、改元天復赦所引の唐格などを参照して、次のように復原されている(3)。

〔孟彦弘氏復原案〕

諸売買奴婢牛馬駝騾驢等、皆経本部本司過価立券、朱印給付。

〔日本養老関市令16売奴婢条〕

凡売奴婢、皆経本部官司、取保証、立券付価。（其馬牛、唯責保証、立私券。）

凡そ奴婢を売らば、皆本部の官司に経れて、保証取りて、立券して価付けよ。（其れ馬牛は、唯し保証責ふて、私券立てよ。）

〔唐六典巻二十両京諸市署〕

凡売買奴婢牛馬、用本司本部公験、以立券。

凡そ奴婢・牛馬を売買せば、本司本部の公験を用ゐ、以て立券せよ。

〔唐律疏議巻二十六雑律三四買奴婢牛馬立券条〕

諸買奴婢馬牛駝騾驢、已過価、不立券過三日、……

疏議曰、買奴婢馬牛駝騾驢等、依令、並立市券。……

諸そ奴婢・駝騾驢を買ひて、已に価を過し、券を立てずして三日を過ぎなば、……

疏議して曰く、奴婢・駝・騾・驢等を買はば、令に依りて、並びに市券を立てよ。……

〔大唐詔令集巻五改元天復赦〕

……。旧格、買売奴婢、皆須両市署出公券、仍経本県長吏、引検正身。謂之過賤。及問父母見在処分、明立文券、並関牒太府寺。……

……。旧格、奴婢を買売せば、皆両市署の出す公券を須って、仍って本県の長吏に経れて、正身を引検せよ。之を過賤と謂ふ。及び父母の見在・処分を問ひて、明らかに文券を立て、並びに太府寺に関牒せよ。……

孟氏の利用された参考史料はきわめて重要であるが、唐代の奴婢売買を検討するにあたっては奴婢売買時に作成された市券も十分検討し利用する必要があると思う。

〔唐開元十九年（七三一）二月西州興胡米禄山売婢市券公験〕

開元拾玖年弐月　日、得興胡米禄山辞、今将婢失満児、年拾壱、於

西州市出売与京兆府金城県人唐栄、得練肆拾疋。其婢及

練、即日分付了、請給買人市券者。准状勘責、問口承賤不虚。又責得保人石曹主等伍人款、保不是寒良詃誘等色者。勘責状同。依給買人市券。

練主

用西州都督府印

婢主興胡米禄山

婢失満兒年拾弐

保人高昌県石曹主年卌六

保人同県曹婆堪年卌八

保人同県康薄鼻年五十五

「同元」

保人寄住康薩登年五十九

保人高昌県羅易没年五十九

史

丞上柱国玄亮

券

史竹無冬

開元十九年二月　日、興胡米禄山の辞を得るに、「今、婢失満兒、年十一を将って、西州市に於て出売し京兆府金城県の人唐栄に与へ、練四十疋を得る。其の婢及び練、即日に分付し了り、買人に市券を給はらむことを請ふ」てへり。状に准じて勘責するに、問口承賤虚ならず。又保人石曹主等五人の款を責ひ得るに、「是れ寒良詃誘等の色にあらざることを保す」てへり。状を勘責するに同じなり。買人に市券を給ふに依れ。

（以下省略）

唐代の奴婢売買の市券は、右のものも含め三例知られているが、(4) その三例には全て同じ売買・立券手続きが記されており、その背後には何らかの規定が存在したことがうかがわれる。(5) その規定とは、正に今検討している唐関市令売買奴婢条に他ならないだろう。その手続きを整理すると、左記のようになる。

唐代の奴婢市券からみた売買・立券手続き

①市における奴婢売買（＝奴婢と代価の交換）

②売主（買主）の（市司＝市署への）市券給付申請（辞や牒による）

③（市司において）不正・虚偽がないか書類と面接による取り調べ(6)

④（市司において）保人（＝保証人）の款（くちがき、供述書）の取り調べ

⑤市司による買主への市券給付（＝立券）

これらの手続きを孟氏の挙げられた参考史料に対応させることにより、唐令の規定としてどのような字句を復原すべきか推定できるものと思う。

売買・立券手続きと律令規定との対応

① →「売買奴婢」「過価」（「付価」）

②③ →「経本部本司」

④ →「取保証」

⑤ →「立券」

右の対応関係から、「売買奴婢」、「過価」、「経本部本司」、「取保証」、「立券」などの字句が唐令に存在したことを推定できるものと思う。なお、字句の排列は基本的に売買・立券手続きの順序に従うべきであり、「過価」は「経本部本司」の前にくるべきだと考える。これにより、天聖関市令宋13条の前半部分に対応する唐令を左のように復原できるであろう。(7)

諸売買奴婢牛馬駝騾驢、過価、皆経本部本司、取保証立券。

次に問題としたいのは、宋令後半の「若度関者、験過所有実、亦即聴売」という規定が唐令に存在したか否かということである。孟氏は唐令の規定として復原されていないが、筆者は復原すべきであると考える。宋代においては「過所」という用語は一般に用いられてなかったと思われ、(8)実際、天聖関市令宋1条の注文でも、「過所」を「公憑」に読み替えて適用することが指示されていることから、「過所」は唐令の用語であったことは明らかである。宋代に広く用いられた「公憑」ではなく、あえて「過所」という唐令の用語を用いた規定を宋令として新たに作り直したとは考えがたい。宋令中の「過所」関連規定は、唐令の規定をそのまま残したものと考えてよいだろう。(9)

〔宋天聖関市令宋1条〕

……過所（今日公憑。下皆準此。）……

……過所（今日の公憑なり。下も皆此に準ず。）……

以上の検討の結果から、唐関市令売買奴婢条は次のように復原すべきであると考える。

〔唐令復原私案〕

諸売買奴婢牛馬駝騾驢、過価、皆経本部本司、取保証立券。若度関者、験過所有実、亦即聴売。

2　唐捕亡令亡失奴婢条の復原

本条については、孟氏は次のように復原されている。

〔孟彦弘氏復原案〕

諸亡失部曲、奴婢、雑畜、貨物等、皆於随近官司申牒案記。若已入蕃境、還売入国、券証分明、皆還本主、本主酬直。奴婢自還者、帰主。

孟氏の復原案で注目されるのは、宋令にない「部曲」を補われている点である。この点、孟氏は戴建国氏の研究によったものと思われる。(10) 戴氏は、本条に対応する日本令（左掲）に「奴婢」のみならず「家人」も規定されていることから、唐令には「家人」に相当する唐の賤民「部曲」も規定されていたと考え、そして、宋代の天聖令制定の段階で「部曲」が削除されたと考えられている。

〔日本養老捕亡令4亡失家人条〕

凡亡失家人奴婢雑畜貨物、皆申官司案記。若獲物之日、券証分明、皆還本主。

凡そ家人・奴婢・雑畜・貨物を亡失せらば、皆官司に申して案記せよ。若し物獲む日に、券証分明ならば、皆本主に還せ。

確かに、宋代には部曲という賤人身分は消滅しており、実態のない「部曲」という用語を天聖令制定時に削除したという想定には説得力がある。しかし、次に示す天聖令中の宋令には「部曲」が規定されていることから、天聖令制定時に「部曲」を削除したという想定は成り立たないと思われる。

〔宋天聖喪葬令宋27条〕

諸身喪戸絶者、所有部曲、客女、奴婢、……

諸そ身喪して戸絶えなば、有てらむ所の部曲、客女、奴婢、……

〔宋天聖雑令宋30条〕

諸王、公主及官人不得遣官属、親事、奴客、部曲等、……

諸王、公主及び官人は官属、親事、奴客、部曲等を遣りて、……得ず。……

天聖令制定時に削除したとは考えられない以上、唐捕亡令亡失奴婢条にはもともと「部曲」は規定されていなかったと考えるべきであろう。それならば、なぜ日本令において母法にない「部曲」に相当する「家人」を付加したのか、ということが問題になる。この問題は実は本条に限られるものではなく、他にも同様な例が存在する。その一例を示すことにしたい。

〔日本養老戸令39放家人奴婢為良及家人条〕

凡放家人奴婢、為良及家人者、仍経本属、申牒除附。

凡そ家人・奴婢を放して、良及び家人と為ば、仍りて本属に経れて、申牒して除き附けよ。

この日本令に対応する唐令は、唐戸婚律疏議一一放部曲為良条所引の唐戸令逸文により、次のように復原される[11]。

諸放奴婢、為良及部曲客女者、並聴之。皆由家長給手書、長子以下連署、仍経本属申牒除附。

これによれば、唐令で「奴婢」とある部分を、日本令では「家人奴婢」に改めたことが明らかである。このように唐令の「奴婢」を「家人奴婢」に改変した箇所は他にも存在しているが、こうした改変は日本の家人・奴婢の身分的階層性の希薄さを反映したものと考えられる[12]。以上の考察によって、唐捕亡令亡失奴婢条においては、「部曲」の復原は控えるべきものと考える[13]。

唐令復原上、次に問題となるのは、日本令にない「若已入蕃境、還売入国」と「本主酬直。奴婢自還者、帰主」という規定が唐令に存在したかどうかである。結論から述べると、存在したものと考える。その理由として、先に取り上げた天聖関市令宋13条では奴婢の売買規定が削除されていたということがある。少なくとも天聖令制定時においては奴婢の売買が行われていなかったことを示しており、今ここで問題としている奴婢が蕃境から還り売られて唐国内に入ってきたことを想定した規定と矛盾している。奴婢売買が行われていなかった天聖令の段階で、外国から奴婢を購入する規定を新たに加えたということは考えがたい。宋代に存在しなかった「過所」や「部曲」の規定が宋令に残っていたことと同様に、「若已入蕃境、還売入国」「本主酬直。奴婢自還者、帰主」という奴婢売買にかかわる規定も唐令の規定が残存したものと考えてよいであろう。この点、宋令には宋代の実態から乖離した規定が存在していたことに注意しておきたい。以上の検討により、唐捕亡令亡失奴婢条を左のように復原することができるだろう。

〔唐令復原私案〕

諸亡失奴婢雑畜貨物等、皆於隨近官司申牒案記。若已入蕃境、還売入国、券証分明、皆還本主、本主酬直。奴婢自還者、帰主。

3　唐捕亡令平奴婢価条の復原

本条については、基本的に天聖捕亡令唐7条と同文と考えてよいと思われる。ただし、次に示す日本令においては「評逃亡奴婢価」ではなく「平逃亡奴婢価」となっているように、唐令では「評」ではなく「平」であった可能性が高いと思われる[14]。

〔日本養老捕亡令〕11平奴婢価条

凡平逃亡奴婢価者、皆将奴婢、対官司平之。若経六十日、無賞可酬者、令本主与捉人対売分賞。

凡そ逃亡の奴婢の価平らむこと、皆奴婢を将ちて、官司に対ふて平れ。若し六十日経るまでに、酬ゆべき賞無くは、本主をして捉へたる人と対ふて売りて分ち賞はしめよ。

〔唐令復原私案〕

諸平逃亡奴婢価者、皆将奴婢対官司平之、勘捉処市価。如無市者、準送処市価。若経五十日無賞可酬者、令本主与捉人対売分賞。

二　唐代の奴婢売買と賤人制

前節で復原した唐令をもとに唐代の奴婢売買について論じたいと思うが、その前に唐代の奴婢の供給源に関することれまでの通説について確認しておきたい。従来、唐代の奴婢の主要な供給源は、次の四つが想定されてきた。(15)

（1）戦争捕虜（生口・俘虜）
（2）良人の自売・略人略売・債務奴隷
（3）犯罪者およびその家族の没官・籍没
（4）出生による再生産（家生奴婢）

（1）の戦争捕虜のみが異民族で、残りの（2）～（4）については基本的に自民族（漢民族）から奴婢が供給されていたことになる。また、戦争捕虜は恒常的なものでないため、唐代では一般的に自民族から供給される奴婢の割合が高いと考えられてきたように思う。しかし、前節の唐令復原によって、以下の二点が制度上想定されていたことがわかるので、通説の見直しが必要ではないかと考える。

① 捕亡令亡失奴婢条に「若已入蕃境、還売入国」規定されており、奴婢の外国からの輸入が想定されていたことがわかる。

② 関市令売買奴婢条では関所を越えて売買することが規定されていたり、捕亡令平奴婢価条では奴婢の市価を前提に規定されており、広範囲にわたる奴婢売買とある程度普遍的な奴婢市場の存在が想定されていたことがわかる。

これに加え、唐代においては常に異民族奴婢の輸入が行われていたという実態が存在している。異民族奴婢の時期による変化は、貿易関係の変遷に対応すると思われるが、次のように唐初から唐末までほぼ切れ目なく異民族奴婢が輸入されていた(16)。

唐初～八世紀半ば　胡奴婢、突厥奴婢など
八世紀後半～　崑崙奴、僧祇奴など
九世紀～　新羅奴婢など

また、近年、「奴婢馬匹価目残紙」や「先漏新附部曲客女奴婢名籍」などの西域史料の研究により、唐代西域における大規模な異民族奴隷売買の実態が明らかにされている(17)。今回新たに復原した唐令の奴婢売買規定や今述べた唐代の奴婢売買の実態を考えるならば、奴婢供給源として異民族奴婢の重要性を再認識する必要があるものと思う。

唐代の賤人は官賤人と私賤人からなり、そのうち官賤人は戦争捕虜と犯罪者およびその家族で没官された者など礼的秩序外の存在で構成されている(18)。それに対して私賤人については、これまでは良人の自売した者および略人略売された者、債務から奴隷とされた者という本来礼的秩序内にあった者を中心に考えられてきた。しかし、良人の自売・略人略売・債務奴隷などは律などで厳禁された違法行為であり(19)、制度として考えた場合、そうした違法行為を前提に奴婢の供給・再生産が企図されていたとは考えがたい。九世紀以降、嶺南など特定地域の良人の略売が問題化することはあったし、九世紀以前にも漢民族の略売自体は存在したと思われるが、略売された漢民族が奴婢身分に転落するといったことが問題化したことはなかったと思われる(20)。略売や債務奴隷などの違法行為による実態としての奴隷の発生はあったとしても、売券や過所作成の際の取り調べの厳重さからしても、違法行為による身分制度上の奴婢の供給を過大に考えることはできないものと思う。賤人は礼的秩序外の存在であるとする賤人制の理念からいっても(21)、唐代の私賤人の供給源は、良人を来源とするものではなく、異民族奴婢や家生奴婢を中心に構想されていたと考えるべきではないだろうか。

右のように考えることが許されるならば、唐代の賤人制とは、異民族奴婢の恒常的な輸入なしには成り立たない制度であったといえるであろう。上述したように、唐代を通して異民族奴婢が絶え間なく輸入されていたのは、制度的な要請であったのである。このような異民族奴婢のあり方は、唐代に限定されるものなのか、中国史全般そして東アジア史的観点から再検討すべきではないかと思う(22)。

三　唐日の奴婢売買の比較

本節では、復原唐令と日本令の奴婢売買規定を比較検討し、その相違点から、古代日本の奴婢身分の特質について考えることにしたい。

復原唐令三条と対応する日本令を比較してみると、奴婢売買に直接かかわる重要な違いとして次の三点を指摘できる。

（1）関市令売買奴婢条において、日本令では唐令後半の「若度関者、験過所有実、亦即聴売」という関所を越えた場合の規定が削除されている。

（2）捕亡令亡失奴婢条において、日本令では唐令の「若已入蕃境、還売入国」という外国からの奴婢購入を想定した（異民族奴婢の輸入にかかわる）規定が削除されている。

（3）捕亡令平奴婢価条において、日本令では唐令にある奴婢の「市価」に関する規定が削除されている。

これら日本令の改変点は、日本古代における奴婢売買の実態や、奴婢の来源の特殊性を示すものと思われる。（1）の改変点は、日本古代における奴婢が、唐のように関所を越えて広範囲に流通し売買されるものではなく、その売買がきわめて限定的なものであったことを想定させる。また、（3）の改変点は、（1）とも重なるが、日本古代には奴婢市場が存在しないか、また存在したとしても普遍的ではなかったことを示しており、奴婢が市場に流通する商品として一般化していなかったことを想定させる。こうした想定は、奴婢売買の実例などから裏づけることができる。

日本古代の奴婢売買の実例としては、国家（東大寺も含む）による「買い上げ」（史料によっては、「売買」と同じ行為が「貢賤」と表現されている場合もあり、かなり強制的な性格がうかがわれる）だけしか知られていない[23]。しかも、その売券は、次に示すように、郡司（条令）から国司（京職）に対し奴婢売買を報告し裁許を請うという上申文書「解」の形式を取っており[24]、売買の事実と公正手続きを証明する唐の売券（市券）の形式とは大きく異なっている。

〔近江国坂田郡司解婢売買券〕

坂田郡司解　申売買賤立券事

合弐人（並婢）
婢慈売年参拾参
婢其志売年拾壱
並近江国坂田郡上丹郷戸主堅井国足戸口息長真人真野売賤。
右得真野売辞状云、上件賤、物充価直稲壱仟弐伯束、売与東大之寺已訖。
望請依式欲立券者。郡依申状、勘問得実、仍勒沽人并三綱署名、申送、以解。
天平十九年十二月廿二日専沽人息長真人真野売 ―　―　―右手指
戸主堅井「国足」（自署、以下同じ）
買得寺三綱都維那僧「法正」
知事僧「平栄」
寺使春宮舎人息長真人「刀祢麻呂」
証人少初位上息長真人「忍麻呂」
大領正八位上坂田酒人真人「新良貴」主帳外大初位下穴太村主「麻呂」
少領外従八位上中臣「島足」
（紙継目）
（異筆）
「国判依請
大掾正六位下阿倍朝臣「許智」

員外少目従七位下穴太史

天平廿年三月九日

」

坂田郡司解し申す売買せる賤の立券の事

合はせて二人（並びに婢）

婢慈売　年三十三

婢其志売　年十一

並びに近江国坂田郡上丹郷戸主堅井国足の戸口息長真人真野売の賤なり。

右、真野売の辞状を得るに云はく、「上件の賤は、惣べて価直稲一千二百束に充てて、東大の寺に売与せることと已に訖んぬ。望み請ふらくは式に依りて立券せむと欲す」てへり。郡、申状に依りて、勘問するに実を得たり。仍りて沽人并びに三綱の署名を勒して、申送し、以て解す。

（以下省略）

また、唐においては立券の前に「過価」が行われ、売買が実質的に行われてから立券という形で国家が関与するのに対し、日本では立券の後に「付価」が行われる規定となっており、実態としても国司（京職）へ報告し、その許可を得た後に代価が支払われていた（＝立券後に実質的な売買が成立していた）と思われる。[25]さらに日本では、市場においての売買とか商人を介しての売買ではなく、国司なり東大寺なり国家機関が直接奴婢の主人から買い上げていることが注意される。

現状知られる日本古代の奴婢売買はこのようにきわめて国家との関係性が強いもので、民間における奴婢売買の実態をうかがうことのできる史料は存在しない。しかし、これはたまたま東大寺関係の史料が残存したという史料の偏在性によるというよりも、実態として民間では律令制的な奴婢売買がほとんど行われていなかったことを暗示しているものと思われる。（3）の改変点から奴婢市場の不存在を想定したが、実際、日本古代には唐の口馬行のような奴婢市場の存在を示す史料はなく(26)、人買い商人（奴隷商人）の史料も院政期まで確認できない。少なくとも、唐とは違い奴婢が一般的な商品と化していなかったことは確かであろう。

日本古代において奴婢売買が限定的なものであり、奴婢が商品化されていなかった理由は、日本の奴婢の来源に大きく関係していると思う。かつて、本書第二章で述べたように、日本の奴婢は主として支配層の律令制以前からの譜第隷属民「ヤツコ」が身分的に固定されたものであり、支配層の伝統的な経済基盤を維持するための存在として、支配層たる主人とその「ヤツコ」であった奴婢の関係は個別・固定的に規定されていた(27)。そのような日本の奴婢身分の性格を考えれば、主人と奴婢の関係を切り離す売買は制度的に矛盾するものであり、限定的なものとなったことは当然といえるだろう。また、日本の奴婢制が上記のように伝統的な隷属関係を固定するものとして構想されていた以上、異民族奴婢の輸入は必要とされなかったと考えられる。それ故、（2）のような令文の改変が行われたと考えられるだろう。

日本の奴婢売買が限定的なものであって、奴婢が商品化されていなかったということは、日本の奴婢は唐とは違い奴隷的性格が希薄であったことを意味する(28)。譜第隷属民を来源とした日本の奴婢は基本的に同一民族からなっていたわけだが(29)、異民族奴婢を主要な構成要素とした唐代の奴婢との異質性は明らかであろう。

結語

「奴婢」という用語は同じでも、唐と古代日本ではその売買規定に大きな差異があり、それは隷属の実態の違いを反映したものと考えられる。唐日の奴婢売買の比較を通じて最も注目される違いは、異民族奴婢の有無である。一般に奴隷は共同体外部からもたらされるものとされ、世界史上の奴隷制においては奴隷が異民族であることは普通であった。(30) 売買の対象としての奴隷が異民族であることは、人間をモノとして差別的に扱うための重要な要件であった可能性があると思われる。そのように考えると、同じ民族の隷属民を奴婢とした古代日本において、奴婢売買が限定的であったことは当然であったと考えられよう。世界の奴隷制に一般的であった異民族奴隷という視点から、中国や日本の奴婢制を捉え直す必要があるのではないだろうか。

最後に天聖令の性格について、一言申し述べておきたい。本章での検討を通じて、天聖令には以下のような諸点が確認できると思われる。

① 宋令のみならず、「不行唐令」の掲載
② 過所を公憑に読み替えるなど唐令規定の準用
③ 「奴婢売買規定」を消去した条文と残存させた条文の併存による規定間の齟齬
④ 唐代の「部曲」規定の残存など、宋代社会の実態と規定との矛盾

以上の諸点は、天聖令が唐令から宋令への過渡的な法典であったことに起因するものと考えられる。天聖令のこうした性格に注目することによって、天聖令中の宋令から唐令を復原する手がかりを得ることができるものと思う。

註

（1）瀧川政次郎『日本奴隷経済史』（刀江書院、一九三〇年）、仁井田陞『支那身分法史』東方文化学院、一九三七年）、濱口重國「唐法上の奴婢を半人半物とする説の検討」（『史学雑誌』七二―九、一九六三年）などを参照。

（2）本章が参考にしたこの分野の主要な研究は以下の通りである。張勛燎「敦煌石室奴婢馬匹価目残紙的初歩研究」（『四川大学哲学社会科学報』一九七八年三期）、池田温「口馬行考」（『佐久間重男教授退休記念　中国史・陶磁史論集』燎原、一九八三年）、朱雷「敦煌所出《唐沙州某市時価簿口馬行時沽》考」（武漢大学歴史系魏晉南北朝隋唐史研究室編『敦煌吐魯番文書初探』武漢大学出版社、一九八三年）、吉田豊・森安孝夫・新疆ウィグル自治区博物館「麹氏高昌国時代ソグド文女奴隷売買文書」（『内陸アジア言語の研究』Ⅳ、一九八八年）、荒川正晴「トルファン出土「麹氏高昌国時代ソグド文女奴隷売買文書」の理解をめぐって」（『内陸アジア言語の研究』Ⅴ、一九八九年）、呉震「阿斯塔那―哈拉和卓古墳群考古資料中所見的胡人」（『敦煌吐魯番研究』四、一九九九年）、同上「唐代絲綢之路與胡奴婢売買」（敦煌研究院編『一九九四年敦煌学国際研討会文集　宗教文史巻・下』甘肅民族出版社、二〇〇〇年）、森安孝夫『興亡の世界史05　シルクロードと唐帝国』（講談社、二〇〇七年）。

（3）孟彦弘「唐関市令復原研究」（天一閣博物館・中国社会科学院歴史研究所天聖令整理課題組校証『天一閣蔵明鈔本天聖令校証　附唐令復原研究』中華書局、二〇〇六年）。

（4）唐代の市券としては、「唐開元一九年二月西州興胡米禄山売婢市券公験」（池田温『中国古代籍帳研究　概観・録文』東京大学出版会、一九七九年、三六四頁）。なお、『吐魯番出土文書』第九冊二七・二八頁には、「唐開元十九年唐栄買婢市券」として掲載されている）、「唐開元二十年薛十五娘買婢市券」（『吐魯番出土文書』第九冊二九・三〇頁）、「唐天宝時代敦煌郡行客王修智売胡奴市券公験」（池田前掲註（2）書、四九〇頁）の三例が知られる。

（5）奴婢売買文書に関する研究としては、仁井田陞『唐宋法律文書の研究』（東京大学出版会、一九八三年復刻、一九三七年初版）、山根清志「唐代の奴婢売買と市券」（唐代史研究会編『東アジア古文書の史的研究』刀水書房、一九九〇年）などがある。

（6）奴婢売買に不正がないか取り調べを行った官司については、『大唐詔令集』所収の旧格では「本県長吏」が「過賤」を行ったことを記していることから、市所在地の県が行ったと考えるむきもあるようだが、市券をみる限りでは市司（市署）が行ったとしか考えようがないと思う。『唐大詔令集』所載の旧格は唐令の規定を修正補足したもので、市券の手続きとは重ならないと考えるべきであろう。すなわち、律令規定では市司が「過賤」を行ったが、後に本県長吏が「過賤」を行うように改められたものと考える。

（7）孟氏は「奴婢牛馬駝騾驢等」と「等」字を復原されているが、天聖令にも唐雑律本文にも「等」はないので、復原すべきではないと思われる。また、孟氏は、宋令にもとづき「朱印給付」を唐令として復原されているが、疑問である。すなわち、唐代律令制下にあっては、「朱印給付」は「立券」の手続きに含まれていた可能性があると思われるからである。日本の奴婢売券にも国印が捺されているが、令文上には押印の規定はみえない。唐雑律や『唐六典』等の関連規定にも「朱印給付」についてはみえないので、他に傍証のない現状では復原を控えるべきであろう。

（8）南宋の洪邁の『容斎四筆』巻十、過所に、「然過所二字、読者多不暁、蓋若今時公憑引拠之類、故裒其事于此」とあり、宋代には「過所」という用語が通用していなかったことが知られる。

（9）拙稿「北宋天聖令による唐関市令朝貢・貿易管理規定の復原」（『唐王朝と古代日本』吉川弘文館、二〇〇八年）を参照。

（10）戴建国「唐《捕亡令》復原研究」（『李埏教授九十華誕紀念文集』雲南大学出版社、二〇〇三年）を参照。

（11）『唐令拾遺』の本条の復原案において、日本令の「家人」に相当する「部曲客女」を意補しているが誤りである。それは、唐令本条の申明の勅と思われる左に掲示する顕慶二年勅が先の復原案と同じく「放奴婢」とあって、「部曲客女」がないからである。

〔唐会要巻八十六、奴婢、顕慶二年十二月勅〕

放還奴婢為良及部曲客女者、聴之。皆由家長手書、長子已下連署、仍経本属申聴除附。

唐令の申明の勅については、菊池英夫「唐代史料における令文と詔勅文との関係について―「唐令復原研究序説」の一章―」

（『北海道大学文学部紀要』三二、一九七三年）を参照。

(12) 本書第二章「律令賤人制度の構造と特質」を参照。

(13) 唐捕亡令亡失奴婢条は遺失物に関する規定であることから、部曲は奴婢と違って牛馬・財物等とは同一視されていなかったことにも留意する必要があるだろう。

(14) 唐名例律三四平贓者条や『唐六典』巻二十太府寺・両京諸市署条中の贓物の価を計る用語として「平」字が用いられていることも参考になるだろう。

(15) 例えば、李季平『唐代奴婢制度』（上海人民出版社、一九八六年）、岩見宏「どれい奴隷 slave【中国】」（『平凡社大百科事典』平凡社、一九八四年）などを参照。

(16) 輸入される異民族奴婢の種類の変化は、左記のような貿易関係の変遷に対応しているものと思われる。

〈唐初～八世紀半ば〉西域貿易　→　〈八世紀後半～〉南海貿易　→　〈九世紀～〉南海貿易＋東アジア交易圏

(17) 「奴婢馬匹価目残紙」については張、池田、朱前掲註（2）論文、森安前掲註（2）書を、「先漏新附部曲客女奴婢名籍」については同じく呉前掲註（2）論文・森安前掲同書を参照されたい。

(18) 没官となる犯罪については、濱口重國「唐法上の没官」（『唐王朝の賤人制度』東洋史研究会、一九六六年）を参照。

(19) 良人の自売・略人略売・債務奴隷は、違法行為として賊盗律四五条、詐偽律一四条、雑律一二・一三条によって処罰されることになっていた。

(20) 『唐会要』巻八十六奴婢、大和二年（八二八）十月勅などを参照。なお、吉永匡史「天聖捕亡令と身分制―奴婢関連規定を中心として―」（『唐代史研究』一七、二〇一四年）は、唐末における「奴婢」身分と実態としての奴隷の乖離を指摘しており有益である。

(21) 西嶋定生「中國古代奴婢制の再考察」（『西嶋定生東アジア史論集　第五巻　歴史学と東洋史学』岩波書店、二〇〇二年、初出一九六三年）を参照。

(22) すでに同様な観点から、異民族奴婢（奴隷）の再検討を行った研究として、相田洋「東アジア奴隷貿易と倭寇」（滕維藻ほか編『東アジア世界史探究』汲古書院、一九八六年）、高橋公明「異民族の人身売買」（荒野泰典ほか編『アジアのなかの日本史Ⅲ　海上の道』東京大学出版会、一九九二年）などがある。

(23) 瀧川前掲註（1）書、五二三～五二四頁を参照。

(24) 掲載した売券は、「近江国坂田郡司解婢売買券」（『大日本古文書』九巻六四二～六四四頁）である。日本古代の奴婢売券としては、この他に「大原真人櫛上奴婢売買券」（『大日本古文書』三巻一二六～一二七頁）が知られる。日本古代の奴婢売券については、瀧川政次郎「律令の奴婢売買法」（『律令賤民制の研究』名著普及会、一九八六年、初出一九二三年）、牧英正『日本法史における人身売買の研究』（有斐閣、一九六一年）第二章第四節などがあるが、唐制との比較はほとんど行われていない。

(25) 売券上には価格が記載されており、売買が完了したように書かれているが、実際には日本令の規定に「立券付価」とあるように支払い（付価）は立券後であったと思われる。天平感宝元年（七四九）六月十日付の「左京職移」（『大日本古文書』三巻二五九～二六〇頁）には、婢二人を東大寺に売却したが、立券後三カ月経過しても代金が支払われておらず、売り主犬上朝臣都可比女が左京職を通して東大寺に支払い履行を訴えたことが記されている。中田薫「売買雑考」（『法制史論集』第三巻上、岩波書店、一九八五年、初版一九四三年）の註（11）でも、同様な指摘がある。

(26) 池田前掲註（2）論文を参照。

(27) 本書第二章「律令賤人制の構造と特質」を参照。

(28) 日本古代の奴婢が奴隷化していなかったことについては、普遍的な身分標識が存在しなかったことからも裏づけることができる。本書第四章「日唐賤人の身分標識について」を参照。

(29) 八世紀末に俘奴婢（蝦夷）という異民族奴婢の輸入が問題化した（『類聚三代格』巻十九所収延暦六年（七八七）正月二十一日付け太政官符）が、政府はこれを禁じている。

(30) 高橋前掲註（22）論文を参照。

〔付記〕　本書校正中に、吉永匡史「唐代奴婢売買法制考」（『金沢大学歴史言語文化学系論集　史学・考古学篇』一一、二〇一九年）の抜刷を恵与されたが、その成果を取り込むことが出来なかった。吉永氏にお詫びするとともに、読者には併読をお願いしたい。

第七章　藤原仲麻呂と女楽

序　言

『続日本紀』天平宝字三年（七五九）正月甲午条には、次のような記事がみられる。

大保藤原恵美朝臣押勝宴蕃客於田村第。勅賜内裏女楽并綿一万屯。

大保藤原恵美朝臣押勝、蕃客を田村第に宴す。勅して、内裏の女楽、并せて綿一万屯を賜ふ。

いうまでもなく、大保恵美押勝とは時の権力者藤原仲麻呂のことであり、田村第は彼の邸宅である。そこでもてなされた蕃客とは、前年に来着した渤海使楊承慶一行を指す。そして、勅により賜られた女楽とは、通説では宮中の内教坊の妓女により奏された舞楽、またはその妓女を意味するとされる(1)。

本章では、女楽が賜与されるとはどのようなことなのか、従来の解釈を問い直し、仲麻呂政権下における女楽賜与の歴史的背景について考えてみたいと思う。

一　「女楽を賜ふ」とは

今現在、『続日本紀』の註釈書として最も権威があるのは、新日本古典文学大系中の『続日本紀』（全五冊）であろう（以下、大系本と略称する）。本条に関する大系本（第三巻）の脚注には、「女楽演奏のため、宮廷所属の歌女（舞姫）を田村第に遣わす」と記されている。(2) 直木孝次郎他訳注『〔東洋文庫〕続日本紀3』の現代語訳では、「大保の藤原恵美朝臣押勝が高麗の使人を田村第（押勝の邸宅）に招き宴会した。〔天皇は〕勅して、内裏の歌妓を遣わし真綿一万屯を賜った」としている。(3) また、岸俊男『藤原仲麻呂』では、該当部分を「仲麻呂は同月二十七日無事使命を果たした一行（＝渤海使のこと、筆者注す）を自邸田村第に招待して、盛大な送別の宴を催した。とくに内裏の女楽が演奏され、一万屯の綿が下賜された」と解されている。(4) これらの例から推して、「女楽を賜ふ」とは女楽（妓女）の演奏・演舞を観覧に供する意に解するのが通説であると思われる。

このような通説とは別に、「女楽を賜ふ」ということを、単に観覧に供するだけではなく、女楽（妓女）という人間そのものを相手に与えることと解する見方も存在する。古くは沼田頼輔氏が説かれたもので、(5) 近年では上田雄氏も同様な見解をとられている。(6) 沼田氏と上田氏がそのような解釈をしたのは、次に挙げる渤海による唐皇帝への日本舞女献上という史実に結びつけられてのことである。

〔旧唐書巻十一代宗本紀、大暦十二年（七七七）正月辛酉条〕

渤海使献日本国舞女十一人。

渤海使、日本国の舞女十一人を献ず。(7)

渤海が唐に献上した日本の舞女をいつ手に入れたかを考えた場合、この天平宝字三年の楊承慶らが女楽を賜った時以外に該当史料が見当たらないということがある。また、上田氏は、女楽と綿一万屯を同格並列に表現していることから、綿と同様に女楽の身柄そのものも贈り物として賜ったのではないかと推測されている。

しかし、上田氏自身も、「この件に関する史料は、「女楽を賜う」と「日本国の舞女十一人を貢す」の二つしかなく、その信憑性にも疑問があるし、またその間に十数年のへだたりがあるので、これが結びつくものかどうか、疑問がある」と述べ、「それにしても、男女生口を献上した原始古代ならいざ知らず、律令体制の完備したこの時代になっても、人間そのものが下賜品、献上品として扱われているのは驚きである」と表明されているように、(8)少なからずその史料解釈に疑念ないし不安を抱かれているように思われる。沼田氏や上田氏の史料解釈にはこのような弱点があることにより、大方の支持を得るに至っていないものと思う。(9)確かに、直接的な関連史料は上掲の二つしかないわけだが、女楽が下賜・献上されることは当時の東アジアでは他に多くの類例があることを思うならば、両氏の史料解釈が成り立つ可能性は十分あるものと考える。節を改め、中国唐代および朝鮮諸国における女楽について述べることにしたい。

二　東アジアにおける女楽の下賜・献上

先にみたように日本古代の女楽とは内教坊に属する妓女のことだが、内教坊や女楽の制は唐代のものを模倣したものであることは、つとに瀧川政次郎氏の指摘がある。(10)また、唐代の内教坊やそこに属した妓女（女楽）については、岸辺成雄氏の詳細緻密な研究が存在する。(11)

岸辺氏の研究によると、内教坊とは「内教（即ち女教）の坊」の意で、多くの妓女が所属する禁中に置かれた宮廷音楽に奉仕する施設ということである。なお、唐代では武徳年間に最初に設置されたが、後に開元年間には内教坊を蓬莱宮側に設けた他に外教坊（左右教坊）を宮禁外に設置したという。唐代の教坊所属の妓女（女楽）の性格については、「宮廷の殊遇を受けると共に、禁中において外間と没交渉の生活を営む点で、同じく楽伎を以て奉仕する官賤民の太常寺の音声人、楽工と類を異にし、又同じく女子にして身を私賤民に投じ、楽伎を以て生活する妓館の妓女とも異なる」として、教坊の妓女が官賤人としてとくに優遇され、家妓（私賤人）との出身・地位などに大きな懸隔があったことを指摘している。(12)

しかし、妓女（女楽）も官賤人である以上、他の賤人同様にその人身は所有の対象であり、皇帝と臣下の間で賜与・献上が行われたことは史籍に多くみられる。(13)

〔旧唐書巻六十河間王孝恭伝〕

（武徳）七年……、江南悉平。璽書褒賞、賜甲第一区、女楽二部、奴婢七百人、金宝珍玩甚衆、……

（武徳）七年（六二四）、……江南悉く平す。璽書にて褒賞し、甲第一区・女楽二部・奴婢七百人を賜ひ、金宝珍翫も甚だ衆く、……

〔旧唐書巻十四憲宗紀上、元和元年（八〇六）八月甲子条〕

韓全義子進女樂八人、詔還之。

韓全義の子、女楽八人を進るに、詔してこれを還す。

隋代の例になるが、日本の女楽賜与と同じように、繊維製品と一緒に女楽が賜われた例も存在する。

〔隋書巻六十三樊子蓋伝〕

進位光禄大夫、封建安侯、尚書如故。賜縑三千匹、女楽五十人。

位を光禄大夫に進め、建安侯に封じるも、尚書は故の如し。縑三千匹・女楽五十人を賜ふ。

〔隋書巻六十五李景伝〕

景尋被徵入京、進位柱国、拝右武衛大将軍、賜縑九千匹、女楽一部、加以珍物。

景尋ぎて徵されて入京し、位を柱国に進められ、右武衛大将軍に拝され、縑九千匹・女楽一部を賜り、加ふるに珍物を以てす。

女楽はこのように下賜・献上の対象となったわけだが、その所有には制限があったことが次の唐令の規定（儀制令もしくは楽令か）から知られる。(14)

諸私家不得設鐘磬、三品已上、得備女楽五人、五品已上、女楽不得過三人、

諸そ私家には、鐘・磬を設くることを得ず。三品已上は、女楽五人を備ふることを得。五品已上は、女楽三人を過ぐることを得ず。

この規定によれば、女楽を私有できるのは五品以上の官人の特権であり、さらに三品以上と四・五品では私有できる女楽の人数に差が設けられていたことがわかる。復原根拠となった史料が『唐六典』であることから、(15)開元七年令に復旧されているが、『太平御覧』などにも同様な規定がみられることから、(16)開元二十五年令にも存在したと思われる。また、神竜二年（七〇六）にほぼ同文の勅が出されているが、(17)これは令規定の励行を申明した勅と考えられることから、(18)神竜令更にはそれ以前の唐令にも同様な規定が存在したことが推測される。要するに唐代をほぼ通じて女楽所有に規制が存在しており、女楽は誰でも所有できるものではなく、また所有できたとしても人数がきわめて限られたものであった。それ故、皇帝からの女楽下賜はきわめて大きな恩典であったと考えられる。また、反対に臣下から皇帝への女楽の献上は強い忠誠心を示す行為だったと思われる。

女楽は唐のみならず周辺諸国にも存在し、国際的に女楽の献上（下賜）が行われていたことは、次の史料によって明らかである。

〔旧唐書巻一百九十九上東夷伝新羅国条〕

貞観五年、遣使献女楽二人、皆鬒髪美色。

貞観五年（六三一）、使を遣はして女楽二人を献ず。皆鬒髪美色なり。

新羅が唐の太宗に二人の女楽を献じたというこの記事から、新羅には女楽の制が存在し、唐と同様に女楽が下賜・献上の対象であったことが知られる。他の朝鮮諸国についてはあまり具体的な史料が存在していないため明言はできないが、「高麗女楽」という楽が日本に伝えられていたことから高句麗にも女楽が存在したことが推測される。(19)高句麗が女楽を唐に献上したという記事はみられないが、前掲の渤海の日本舞女（女楽）の献上もこうした唐・新羅の例とあわせて理解すべきものと思う。なお、女楽の献上は東アジア諸国のみならず西域の骨咄、南蛮の訶陵からも行われたことが記録されている。(20)

唐代の東アジアにおいては、女楽（妓女）の下賜・献上が広く行われていたことを確認したわけだが、日本の女楽も中国と同じように官賤人などの人身を所有される存在であったかが次に問題となるであろう。

三　日本古代の女楽

日本古代において、女楽（妓女）がどのような存在であったのか。まず、女楽（妓女）の出身について考えてみよう。

〔続日本紀、宝亀八年（七七七）五月戊寅条〕

典侍従三位飯高宿祢諸高薨。伊勢国飯高郡人也。性甚廉謹、志慕貞潔。葬奈保山天皇御世、直内教坊、遂補本郡采女。飯高氏貢采女者、自此始矣。歴仕四代、終始無失。薨時年八十。

典侍従三位飯高宿祢諸高薨ず。伊勢国飯高郡の人なり。性甚だ廉謹にして、志貞潔を慕ふ。奈保山に葬れる天皇の御世に、内教坊に直して、遂に本郡の采女に補せらる。飯高氏の采女を貢することは、此より始まれり。四代に歴仕して、終始失無し。薨ずる時、年八十なり。

宝亀八年（七七七）に薨じた典侍飯高諸高は、元正天皇（＝奈保山に葬れる天皇）の時代に内教坊に直し、後に飯高郡の采女に補せられたという。瀧川氏は、「諸高は、采女の候補者として上京したが、外にもう一人候補者があったか、或いは官の都合で内教坊に配せられて妓女となったものと思われる。この事例によって、内教坊の妓女には、諸国郡司の姉妹及び女にして容色ある者が採用されたことが知られる」と述べられているが、(21)氏の説くところは信憑性が高いと思う。女楽（妓女）の出身の一つは、郡司の姉妹・娘にあったとしてよいものと思う。

〔続日本後紀、承和十一年（八四四）正月庚子条〕

是日、叙内教坊妓女石川朝臣色子従五位下。

是の日、内教坊妓女石川朝臣色子を従五位下に叙す。

〔続日本後紀、承和十二年（八四五）正月丁卯条〕

是日、有勅、授内教坊倡女完人朝臣貞刀自従五位下。

是の日、勅有りて、内教坊倡女完人朝臣貞刀自に従五位下を授く。

この二つの記事はどちらも内宴当日の叙位を記したものだが、この当時、正月の内宴においては内教坊の女楽奏舞が行われており、その褒美勧賞として妓女に位階が与えられたものと考えられる。瀧川氏は、「色子も貞刀自も、共に朝臣の貴姓を有する家の女である。故にこの二人は、京畿の貴族から貢せられる氏女にして内教坊に配せられて妓女となったもの」と推断されているが、(22)氏の推断は的を射たものと思う。女楽（妓女）の出身の二つ目として、京畿内の氏《うぢ》というヤマト政権を支えた氏族から貢上された女性である氏女を挙げてよいと思う。(23)

瀧川氏は、上記の二つの出身以外に、東西文部および楽戸の帰化氏族の子女を挙げられているが、(24)東西文部や楽戸の子女が女楽（妓女）になった明証がないので、この点については左袒することはできない。少なくとも、現段階では、日本古代の女楽（妓女）は後宮に出仕した氏女・采女から採用されたものと考えてよいだろう。

以上のように女楽（妓女）の出身を考えると、日本古代の女楽は官賤人ではなかったことが明らかである。そもそも、唐令においては女楽の所有制限に関する規定が存在していたのに対し、日本令にはそのような規定は存在しておらず、日本令は女楽を官賤人として規定していないのである。(25)それどころか、地方豪族や中央貴族の子女であって、むしろ社会的地位の比較的高い階層から取られていたといえる。

四　女楽賜与の歴史的背景

前節で明らかにしたように、日本古代の女楽（妓女）は官賤人ではなかった。そのような結論からすれば、なぜ官賤人ではない女性たちが渤海使に与えられたのか、また、どうしてそのようなことが可能であったのかが、大きな疑問として浮かび上がってくることと思う。

この問題を考える上で重視しなければならないのは、日本ではこうした女楽の賜与は本章で取り上げている天平宝字三年正月甲午のこの時一回限りのことであったということである。すなわち、唐のようにいくつも実例があるのとは異なり、きわめて特殊な事例であるということである。したがって、何よりも、この天平宝字三年正月の特殊性から考えてゆく必要があるだろう。そのように考えた場合、この時期の所謂「藤原仲麻呂政権」との関連をまず以て取り上げなければならない。

藤原仲麻呂政権の政策の特色として、「唐風趣味」「唐風政策」であったことが指摘されている(26)。仲麻呂政権では、中男・正丁年齢の繰り上げ、孝経の家蔵、問民苦使の派遣、平準署・常平倉の設置、左右京尹の創設、四字年号の採用など唐代の諸政策を模したものが実に多いわけだが、女楽賜与という行為もこうした唐風にならった可能性が考えられないだろうか。唐皇帝の臣下に対する大いなる恩典としての女楽賜与に擬し、日本天皇の渤海使（真の賜与対象は渤海王）への絶大な恩典として女楽の賜与が行われたのではないだろうか。

この時の渤海使楊承慶一行は、新羅征討計画と密接な関係をもっていたことが指摘されており(27)、日本と渤海との同盟関係形成のためにこれまでにない特別な恩典が賜与されたということが考えられよう。楊承慶らには女楽と一緒に綿一万屯も賜与されていたが、この一万屯という額も破格の数量であって、この時の渤海に対する賜与・贈答がきわめて異例なものであったことを示している(28)。仲麻呂政権の唐風趣味に加えて、新羅征討計画のための同盟関係締結という特殊事情が結びつくことで、女楽賜与という前後に例をみない奴隷にあらざる人身の贈与が行われたものと考える。

しかし、上記の説明だけでは、いかに権勢を振るった仲麻呂であっても、奴隷ではない女性を遠い異国に贈与することが本当に可能であったのか、当時の社会通念に照らし許される行為であったのか、という疑問を完全に払拭することはできないものと思う。この点について、筆者は次のようなことを考えている。

采女の貢献は、律令制以前の大王への服属の証しとして地方豪族の子女を貢献する遺制であったとされるが(29)、日本古代においては、采女に限らず奴隷にあらざる人身の貢献が古くから行われていた。豪族から大王に献上された彼女・彼らは決して奴隷であったわけではなく、また献上後奴隷身分に陥ったわけでもなかった。二例ほど挙げよう。

〔日本書紀、雄略天皇十年九月戊子条〕

身狭村主青等、将呉所献二鵝、到於筑紫。是鵝為水間君犬所囓死。（注略）由是、水間君恐怖憂愁、不能自黙、献鴻十隻与養鳥人、請以贖罪。

身狭村主青等、呉の献れる二の鵝を将って、筑紫に到る。是の鵝、水間君の犬の為に囓はれて死す。（注略）是に由りて、水間君、恐怖憂愁して、自ら黙すること能はずして、鴻十隻と養鳥人とを献りて、以て罪を贖はむことを請ふ。

〔日本書紀、安閑天皇元年閏十二月是月条〕

是月、廬城部連枳莒喩女幡媛、偸取物部大連尾輿瓔珞、献春日皇后。事至発覚、枳莒喩、以女幡媛、献采女丁、（是春日部采女也。）并献安芸国過戸廬城部屯倉、以贖女罪。

是の月に、廬城部連枳莒喩が女幡媛、物部大連尾輿が瓔珞を偸み取りて、春日皇后に献る。事発覚するに至りて、枳莒喩、女幡媛を以て、采女丁に献り、（是春日部采女なり。）并せて安芸国の過戸の廬城部屯倉を献りて、以て女の罪を贖ふ。

水間君は罪を贖うために鴻（鵠）と養鳥人を献り、廬城部連枳莒喩は罪を贖うために屯倉とともに娘を采女丁として献上したという。こうした贖罪記事は史実そのままとは考えられないが、大化前代においてこうした人身献上が行われていたことは認めてよいものと思われる(30)。

日本の古代社会には、族長の命令により家族や氏族の成員が服属の証しや贖罪の代償として大王に献上されるという慣習が存在していたと考えられる。官賤人にあらざる女楽が渤海に賜与された背景に、大王への人身献上といった慣習の残存を想定できるのではないだろうか。采女や氏女は大王＝天皇に献上されたものという意識がこの時代の人々にも存在していたからこそ、天皇（実質は仲麻呂であったとしても、形式的には天皇からという形がとられた）の勅（意思）により渤海使に女楽を賜与することが可能であったのではないだろうか(31)。

結語

本章では、東アジアにおける一般性と仲麻呂政権下の特殊性という二つの視点から、天平宝字三年正月の女楽賜与の解釈を問い直し、日本古代の人身献上の問題にまで言及した。

中国の隋唐代では女楽（妓女）は官賤人であり、贈答の対象とされる存在であった。また、中国国内にとどまらず、中国と周辺国との間においても贈与されたことが確認される。それに対し、日本古代の女楽は官賤人ではなく、采女・氏女といった支配層出身の女性からなるものであった。それにもかかわらず、日本の女楽が渤海に贈られた背景には、天皇と氏族・豪族との間に大化前代以来の服属関係が残存したことと推定した。

本章の推論の是非はともかくも、日本と唐の官賤人の違いを考える上で、女楽が重要な視点であることは間違いないであろう。

註

（1）　女楽の意味については、『日本国語大辞典〔縮刷版〕』第五巻（小学館、一九八一年）を参照。

（2）青木和夫他校注『続日本紀』第三巻（岩波書店、一九九二年）三〇五頁、脚注二四。

（3）直木孝次郎他訳注『続日本紀3』（平凡社、一九九〇年）二九頁。

（4）岸俊男『藤原仲麻呂』（吉川弘文館、一九六九年）二七五頁。この他、藤井一二『天平の渤海交流　もうひとつの遣唐使』（塙書房、二〇一〇年）一一九頁も、同様な解釈をしている。

（5）沼田頼輔『日満の古代国交』（明治書院、一九三三年）六八頁。

（6）上田雄・孫栄建『日本渤海交渉史』（六興出版、一九九〇年）八四頁。上田雄『渤海国の謎』（講談社、一九九二年）一三三～一三六頁。上田雄『渤海使の研究　日本海を渡った使節たちの軌跡』（明石書店、二〇〇二年）二八四、九三五～九三八、九四一～九四二頁。

（7）同様な記事は、『旧唐書』巻一百九十九下・北狄伝渤海靺鞨条、『新唐書』巻一百四十四北狄伝渤海条、『冊府元亀』巻九百七十二外臣部・朝貢五などにみえる。なお、沼田氏は「上記中、内裏の女楽を渤海客に賜ふとあるは、単にこれを観せしめたといふのではなくて、実際にこれを与へられたものであるかと思はれる。これは、其後三年を経て、文王大欽茂が、日本の舞女十二人を唐の粛宗に献じた事が記されてあるのを見ても、疑もなく、この時下賜せられたものであらう」（『日満の古代国交』明治書院、一九三三年、六八頁）と書かれているが、「其後三年」は「其後十八年」、「粛宗」は「代宗」、「舞女十二人」は「舞女十一人」のそれぞれ誤りと思われる。

（8）上田雄『渤海国の謎』（講談社、一九九二年）一三五～一三六頁。

（9）石井正敏「第二次渤海遣日本使に関する諸問題」（『日本渤海関係史の研究』吉川弘文館、二〇〇一年）の注（19）において、上田氏の見解が批判されている。また、田島公「日本、中国・朝鮮対外交流史年表―大宝元年～文治元年―」（橿原考古学研究所附属博物館編『貿易陶磁―奈良・平安の中国陶磁―』臨川書店、一九九三年）は、沼田氏・上田氏の研究にふれてはいないが、天平宝字三年の該当記事の部分で女楽が渤海に渡ったことについて疑問符を付している。酒寄雅志「渤海の遣唐使」（『東アジア世界史研究センター年報』四、二〇一〇年）の八一頁註（14）でも「前者の内裏の女楽が、後者の渤海の遣唐使が唐に献じた舞女とすると、両者には十八年もの隔たりがあり、いかにも不自然である」とされている。

(10) 瀧川政次郎「内教坊考」(『国學院法学』二―二、一九六五年)。また、荻美津夫『日本古代音楽史論』(吉川弘文館、一九七七年)にも言及がみられる。

(11) 岸辺成雄『唐代音楽の歴史的研究　楽制篇』上・下(和泉書院、二〇〇五年、旧版は東京大学出版会より一九六一年に刊行)。

(12) 岸辺成雄『唐代音楽の歴史的研究　楽制篇』上(和泉書院、二〇〇五年)三五五～三六二頁。なお、唐代以前からの女楽の性格については、簡略ではあるが、趙維平「奈良、平安期日本における異文化受容のあり方―女楽と踏歌の場合―」(『音楽芸術』五五―八、一九九七年)を参照。

(13) 王永興編『隋唐五代経済史料彙編校注』第一編上(中華書局、一九八七年)。

(14) 池田温編集代表『唐令拾遺補』(東京大学出版会、一九九七年)六六二～六六三頁。大野仁「白居易の判」(『白居易研究講座　第二巻　白居易の文学と人生　Ⅱ』勉誠社、一九九三年)も参照。

(15) 『唐六典』巻四、礼部郎中員外郎条。

(16) 『太平御覧』巻五百七十五、楽部鐘。このほかに『文苑英華』巻五百七・判五などにも、女楽の私有制限に関する令規定を前提とした判がみられる。

(17) 『唐会要』巻三十四、論楽雑録。

(18) 菊池英夫「唐代史料における令文と詔勅文との関係について―「唐令復原研究序説」の一章―」(『北海道大学文学部紀要』三二、一九七三年)。

(19) 『東大寺要録』巻二、供養章第三、開眼供養会。

(20) 骨咄の女楽については、『新唐書』巻二百二十一下、西域伝骨咄条、開元二十一年(七三三)の記事を参照。訶陵の女楽については、『新唐書』巻二百二十二下、南蛮伝訶陵条の咸通中(八六〇～八七三)の記事を参照。

(21) 瀧川前掲註(10)論文、一三～一四頁。

(22) 瀧川前掲註(10)論文、一四頁。

(23) 氏女・采女の貢上については、後宮職員令18氏女采女条に規定が存在する。

(24) 瀧川前掲註(10)論文、一四～一五頁。

(25) 女楽や彼女らを管轄した内教坊が設置された時期については、定かではない。瀧川氏はおそくとも文武・元明朝の頃には設けられていたと推定されている(瀧川前掲註(10)論文、二～三頁)が、あまり明確な根拠があるわけではない。女楽・内教坊ともに令に規定がないのは、大宝律令完成後に設けられた令外の存在であったためとも考えられる。その場合は、大宝律令の段階では、官賤人であるかどうかは別として女楽や内教坊といった制度自体全く継受しなかったということになる。そうであったとしても、大宝律令制定後、女楽・内教坊の制度を作るにあたって、唐制とは異なり、女楽を官賤人としなかったことは明らかであろう。なお、内教坊の設置の下限は、飯高諸高の薨伝により、元正朝の養老年間である。

(26) 関連研究は多くあるが、ここでは木本好信「藤原仲麻呂の唐風政策」(甲子園短期大学文化情報学科編『メディアと情報』甲子園短期大学、二〇〇八年)を挙げておく。

(27) 酒寄雅志「八世紀における日本の外交と東アジア情勢」(『渤海と古代の日本』校倉書房、二〇〇一年)、石井正敏「初期日本・渤海交渉における一問題―新羅征討計画と渤海―」(『日本渤海関係史の研究』吉川弘文館、二〇〇一年)などを参照。

(28) 『延喜式』巻三十(大蔵省、賜蕃客例条)では、渤海王への綿支給額は三百屯である。綿以外にも絹三十疋、絁三十疋、絲二百絇が与えられるとはいえ、綿一万屯という支給額はこれらの総計を大きく上回る価値があったとみてよいだろう。

(29) 氏女の貢献は、采女にならって、天武朝に制度化されたものと考えられる。磯貝正義『郡司及び采女制度の研究』(吉川弘文館、一九七八年)を参照。

(30) 本書第一章「ヤツコと奴婢の間」を参照。

(31) 後宮職員令18氏女采女条や軍防令38兵衛条では、氏女・采女や兵衛の貢上について規定されているが、この両条にみえる「貢」は正に「みつぐ」=献上の意味で表記されていると思われる。唐律令でも科挙を受験する官人候補者を推薦することを「貢挙」といい、諸州の長官が推薦した候補者を「貢人」と称し、「貢」を用いているが、唐律令の「貢」は推薦の意味で用いられており、日本令とは異なっている。唐令の「貢挙」「貢人」の解釈については、八重津洋平訳註「職制」（律令研究会編『訳註日本律令　六　唐律疏議訳註編二』東京堂出版、一九八四年）を参照。

終章　日本古代の奴婢は奴隷か

序　言

本書では、日唐律令規定の比較によって、日唐の賤人制の違い、日本古代の賤人制の特質について考察してきた。賤人は奴婢に限られるわけではないが、賤人制の中核にあり、賤人制の本質が最も端的に表れているのが奴婢であることから、本書の考察結果を総括するにあたり、日本古代の奴婢の性格について卑見を述べたいと思う。

なお、日唐の奴婢の性格については多くの先行研究が存在するので、まず、代表的なものを取り上げる形で研究史に簡単にふれておきたい(1)。

一　奴婢の性格をめぐる研究史

1　先駆的研究

最初に取り上げるべき研究は、瀧川政次郎『日本奴隷経済史』である(2)。本書は、奴婢の法制度上の性格をはじめて本格的に論じたもので、現在も参照・依拠される古典的な研究である。官・主が中古の賤民（瀧川氏は、「賤人」ではなく、「賤民」と記す）に対し所有権に等しい権利を有していたかという観点から、その使用権・収益権・処分権などを分析・検討し、五色の賤のうち陵戸を除いた賤民（官戸・家人・公私奴婢）は奴隷であることを述べている。

瀧川氏には『律令賤民制の研究』もあるが、同書においては賤人の法的性格として「人」と「物」の両面があることを述べていることが注目される。(3) 恐らく、後述の仁井田陞・濱口重國両氏の影響を受けたものと考えられる。

2　仁井田・濱口論争

仁井田陞『支那身分法史』第八章「部曲・奴婢法」は、西洋古典古代の奴隷との法制度の比較・検討により、中国（東洋）の奴隷（奴婢）の特質を明らかにした、現代の研究の基本をなす重要な業績である。(4) 仁井田氏は、中国や日本の奴婢の法的性格は「半人半物」であり、物的性質と人的性質の両面をもつことを指摘された。

濱口重國「唐法上の奴婢を半人半物とする説の検討」は、仁井田氏の「半人半物」説を批判したもので、主奴関係においては奴婢は「物」的本質だけで規定されているが、王道・王法（国家君主）の下では奴婢も「人」としての資格が与えられているとする。(5) なお、濱口氏のこの見解は、氏の大著『唐王朝の賤人制度』に基本的に継承されている。(6) この後、両者の間でしばし論戦が行われたが、(7) 仁井田氏の死去（一九六六年）により、その帰結は不明確なものとなった。しかし、両氏の見解はともに奴婢の「人」と「物」という両面性を指摘した点において共通するものである。

3　発展段階説（社会構成史論）における研究

上記の法制史的な研究とは別に、マルクス主義的歴史研究の立場からも、奴婢の性格についての検討が行われた。

そのなかで、戦後のこの方面の研究に多大な影響を与えたものとして、石母田正「古代における奴隷の一考察」がある(8)。石母田氏が主に取り上げたのは奴婢の上級身分とされる家人についてであった。家人の存在形態の分析から、保有地と私業を有するコローヌス的な存在とみなし、奴隷からコローヌス、コローヌスから農奴へという進化の過程を提示した。

その後、石母田氏の説をめぐり多くの批判的検討が行われたが、その最も重要な成果は吉田晶『日本古代社会構成史論』で、日本古代奴婢の存在形態が家人的形態をとることを明らかにされた(9)。なお、この奴婢の家人的形態という説に対しては、神野清一『日本古代奴婢の研究』のように否定的な見解もある(10)。

4　家族史・氏族研究からの視点

以上の研究史の流れにおいては、奴婢の性格の具体的な規定においては様々な違いがあるにしても、「奴婢＝奴隷」と理解する基本線に違いはない。ところが、一九八〇年代に入ると、家族史や氏族研究の立場から「奴婢＝奴隷」というそれまでの基本的理解そのものを疑う見解が出されるようになる。その代表的なものとして、関口裕子「家父長制家族の未成立と日本古代社会の特質について」と義江明子『日本古代の氏の構造』がある(11)。ちなみに、神野清一『律令国家と賤民』は、「奴婢＝奴隷」という立場からこれらの見解に反論している(12)。

現状では、なお「奴婢＝奴隷」という理解が大勢を占めていると思われるが、筆者の考えは関口・義江両氏の考えに近く、両氏の見解をふまえながら、本書における奴婢の性格についての考察結果をまとめることにしたい。

二　日本古代の奴婢の性格

1　奴婢の口分田について

唐制と違い日本令では奴婢に対して口分田の班給が規定されている。これを名目的なもの（実際は主人への給付）と考えるか、実質的なもの（奴婢の保有地・占有地）と考えるかで、奴婢の性格の捉え方が大きく異なってくる。北魏の均田制における奴婢・耕牛への班給と同様に考える論者もいるが、以下に述べる理由から、従うことはできない。(13)官奴婢に関していうならば、充役時のみの給粮が規定されていることから充役時以外は口分田耕作により自活することが令意と考えられ、官奴婢の口分田は実質的な支給であったと考えられる。(14)私奴婢の場合は直接の明証はないが、私奴婢と同様に良人の三分の一の口分田を与えられた家人の私業がほぼ三分の一の労働力で行われていたことから、やはり実質的な班給であったことが類推できると思う。

2　奴婢の婚姻について

従来、唐制では奴婢には同身分間なら婚姻が認められると理解されてきたが、これは仁井田陞氏の唐令復原の誤りによるものであり、実際には婚姻は認められていなかったと考えられる。奴婢には生殖のための配偶という形でしか男女の結びつきが認められておらず、その配偶を行う権利は官・主にあった。それに対し、日本令では同身分間ではあるが奴婢の婚姻が認められていた他、唐令にあった官による官奴婢等に対する配偶規定が削除されており、唐に比べ奴婢の「人」的な性格がかなり明瞭にうかがえる。(15)

3　奴婢の身分標識について

人を奴隷（物）たらしめる背景には差別意識が存在していたと考えられるが、(16) その差別の対象を明示する装置として身分標識がある。唐代の私賤人の服色はこれまで良人と同じく黄・白と考えられてきていたが、実は青碧《しょうびゃく》の通服が制度的に規定されており、良賤の区別が視覚的に確認できるようになっていた。ところが、日本令においては、私賤人の服色は「朝庭公事」にのみ橡墨衣を着用する規定となっており、通常の社会生活においては奴婢を識別する手段は一般的には存在しなかった。

また、唐代の官奴婢には刺字の先駆的な入れ墨「印臂」が施され、私奴婢には主人により私的に入れ墨が施されており、身体に刻みつけられた入れ墨によっても奴婢であることがわかるようになっていた。ちなみに、中国では入れ墨は化外人や罪人など礼的秩序外に存在するものの象徴であった。日本の奴婢にはそのような差別を明示する手段も存在せず、唐の奴婢との性格の違いがはっきりと示されている。(17)

4　財産としての奴婢について

唐代の奴婢は財産としての性格が律令上にはっきりと規定されているが、日本古代の奴婢については義江明子氏の戸令応分条の研究のほかその財産としての性格を否定する見解がいくつか出されている。(18) 日唐喪葬令身喪戸絶条の比較などによっても、日本の私賤人には財産とは異なる性格がうかがわれる。確かに、日本の関市令にも奴婢の売（買）規定が存在するが、実態として奴婢売買はきわめて限定的であり、奴婢は商品化されていなかった。(19) また、奴婢売買も永代売買を意味したのか、十分検証する必要があるであろう。(20) 人身の永代売買、財産としての相続が史料上確認できるのは院政期以降であり、(21) それ以前においては奴婢には財産としての性格は希薄であったと考えるものである。

日本律令の奴婢規定には唐律令の規定を直写した部分もあるが、唐の規定を改変して他と矛盾する規定を設けた部分も存在する。そうした相矛盾する規定を解釈する場合、やはりあえて唐制を改めた規定に日本律令編纂者の真意があると考えるべきであろう。

日本古代の奴婢は隷属民の一種であることは間違いないが、口分田を有し、婚姻をなし、差別の対象ともならず、財産とはいいがたい存在であり、その意味で「人」としての性格を明らかにもつものであったと考える。そもそも、律令制以前の「奴婢」（ヤツコ）は「公民」（オホミタカラ）と存在形態に違いはなく、奴隷ではなかった[22]。日本の律令賤人制度は従前の支配体制を身分として固定化することに目的があったのであり[23]、それまでの「奴婢」の存在形態を改めるものではなかったのである。

本書の結論は、日本の古代社会には奴隷階級も奴隷的な社会集団も存在しなかったということである。しかし、このことを発展段階説的に単に遅れた停滞社会として捉えることには、疑問を覚える。近代資本主義社会においても奴隷制が存在したことを想起するならば、奴隷制の有無だけで、社会の先進・後進を測ることの誤まりは明らかであろう。奴隷制のない日本の古代社会の特質、歴史的な位置づけをどのように理解し、評価するのかという問題は、今後の大きな課題となる。

註

（1）日本古代の奴婢全般に関する研究史の整理としては、神野清一「日本古代奴婢に関する研究史的整理」（『中京大学教養論叢』三四―二、一九九三年）がある。

（2）瀧川政次郎『増補日本奴隷経済史』（名著普及会、一九八五年、初版は、刀江書院、一九三〇年）。

（3）瀧川政次郎『律令賤民制の研究』（名著普及会、一九八六年。初版は、角川書店、一九六七年）。

（4）仁井田陞『中国身分法史』（東京大学出版会、一九八三年。初版は『支那身分法史』という書名で、東方文化学院より一九四二年刊行）。

（5）濱口重國「唐法上の奴婢を半人半物とする説の検討」（『史学雑誌』七二―九、一九六三年）。

（6）濱口重國『唐王朝の賤人制度』（東洋史研究会、一九六六年）。

（7）濱口氏の批判に対する仁井田氏の反論には、「唐代法における奴婢の地位再論」（『史学雑誌』七四―一、一九六五年）がある。

（8）石母田正「古代における奴隷の一考察」（『石母田正著作集　第二巻　古代社会論Ⅱ』岩波書店、一九八八年、初出一九四二年）。

（9）吉田晶『日本古代社会構成史論』（塙書房、一九六八年）。

（10）神野清一『日本古代奴婢の研究』（名古屋大学出版会、一九九三年）。

（11）関口裕子「家父長制家族未成立と日本古代社会の特質について」（『日本史研究』二四七、一九八三年）、義江明子『日本古代の氏の構造』（吉川弘文館、一九八六年）。

（12）神野清一『律令国家と賤民』（吉川弘文館、一九八六年）。

（13）瀧川政次郎「旺制秬法上の賤氏」（同前掲註（3）書）、初出一九二五年）は、日本古代の奴婢への給田を北魏の影響と捉えている。

（14）本書第二章「律令賤人制の構造と特質」（初出一九九二年）を参照。

（15）本書附篇二「唐戸令当色為婚条をめぐる覚書」（初出一九九五年）、本書第五章「日唐戸令当色為婚条について」（初出二〇〇二年）を参照。

(16) 神野清一氏は、「奴婢＝奴隷は罪穢・災気を一身に負う汚れた存在として国家的に位置づけられ」ていたとし、それは「王権の神聖性を創出する上で清浄なる大王の対極に下賤なる奴婢＝賤身分を設定する必要があった」からだとする（神野前掲註（10）書、六六頁）。しかし、神野氏の説では、清浄であるべき天皇（大王）の居所＝内裏で罪穢・災気を帯びていた官奴婢が働いていたことになり、矛盾があるように思われる。良賤通婚の盛行などからして、奴婢への特段の差別視はなかったとみるべきであろう。

(17) 本書第四章「日唐賤人の身分標識について」（初出二〇〇三年）を参照。

(18) 義江前掲註（11）書を参照。義江氏以外のものとしては、例えば、明石一紀「古代・中世家族論の問題点」（『民衆史研究会・会報』二三、一九八五年）は、家父長制支配の指標とされる奴婢所有の問題を取り上げ、通説への疑問を呈している。

(19) 本書第六章「天聖令からみた日唐奴婢売買の諸問題」（初出二〇〇八年）を参照。

(20) 土地売買において「売」が賃租を意味する場合もあったなど、古代日本の売買のあり方はかなり特殊であったと考えられる。古代における土地売買における永代売買の未成熟については、三谷芳幸「古代の土地売買と在地社会」（佐藤信・五味文彦編『土地と在地の世界をさぐる　古代から中世へ』山川出版社、一九九六年）を参照。

(21) 子孫に隷属民の人身を譲り渡す譲状の出現や人買い商人の顕在化は、いずれも院政期であり、中世社会のはじまりと人身の永代売買・所有＝奴隷の誕生が軌を一にしている。
管見によれば、現存最古の人身譲状は、天治二年（一一二五）八月八日付「僧某房地田畠所従等譲状」（『平安遺文』二〇四五号文書）と思われる。なお、康和三年（一一〇一）五月付「僧全誉譲状案」（『平安遺文』一四四三号文書）は、偽文書と考えられる。また、人買い商人の初出史料は、治承二年（一一七八）七月十八日付太政官符（『続左丞抄』第二）である。牧英正『日本法史における人身売買の研究』（有斐閣、一九六一年）などを参照。

(22) 本書第一章「ヤツコと奴婢の間」（初出二〇一八年）を参照。

(23) 本書第二章「律令賤人制の構造と特質」（初出一九九二年）を参照。

附篇一　『新唐書』百官志の官賤人記事について

序　言

筆者はこれまでに、『新唐書』の志類には唐令にもとづく有用な制度記事が多く含まれており、唐令復原の重要な史料であることを指摘してきた。(1) 同書の百官志中にも唐令の取意文が多く存在することはすでに明らかにしているが、(2) 未だその全貌を把握するには至っていない。

そこで本稿では、百官志中の唐代官賤人関係記事の基礎的な検討を通じて、官賤人の基本史料の確認を行うとともに、『新唐書』百官志における制度記事の史料的性格について理解を深めたいと思う。

なお、本稿で取り扱う官賤人とは、官奴婢・官戸・番戸・雑戸などであり、太常音声人・陵戸などは取り上げない。また、一般的には「賤民」という用語が通用しているが、序章でも述べたように唐代史料においては「賤人」と表記され、「賤民」は用いられていないので、本章においても「賤人」と表記することにする。

一 『新唐書』百官志の官賤人記事の掲出

『新唐書』百官志には、官賤人記事が五箇所にみられる。(3) 各箇所の官賤人記事は複数の法規定をもとにしている場合があり、内容を区別した上で数字を頭書して（全十三条）、以下に提示する。

（1）百官志一、都官郎中条

1. 凡反逆相坐、没其家配官曹、長役為官奴婢。一免者、一歳三番役。再免為雑戸、亦曰官戸、二歳五番役。毎番皆一月。三免為良人。

2. 六十以上及廃疾者、為官戸、七十為良人。

3. 毎歳孟春上其籍、自黄口以上印臂、仲冬送於都官、条其生息而按比之。

4. 楽工、獣医、騙馬、調馬、群頭、栽接之人皆取焉。附貫州県者、按比如平民、不番上、歳督丁資、為銭一千五百。丁婢・中男、五輸其一。侍丁・残疾半輸。

5. 凡居作者、差以三等。四歳以上、為小。十一以上、為中。二十以上、為丁。丁奴、三当二役。中奴・丁婢、二当一役。中婢、三当一役。

（2）百官志一、虞部郎中条

6. 毎歳春、以戸小児・戸婢仗内蒔種漑灌、冬則謹其蒙覆。

（3）百官志二、掖庭局条

7. 婦人以罪配没、工縫巧者隷之、無技能者隷司農。

8．諸司営作須女功者、取於戸婢。

（4）百官志三、司農寺条

9．官戸奴婢有技能者配諸司、婦人入掖庭。

10．以類相偶。

11．行宮監牧及賜王公・公主皆取之。

12．凡孳生鶏彘、以戸奴婢課養。

（5）百官志四上、典倉署条

13．給戸奴婢・番戸・雑戸資糧衣服。

以上、十三条の規定がどのような史料をもとに書かれたのかを、次に考えてみたい。

二　官賤人記事の史料典拠について

『新唐書』が編纂された北宋時代において、唐制についての主要な参照史料としては、「唐律疏」（開元二十五年律疏）、「唐令」（開元二十五年令か）、『唐六典』、『旧唐書』、『通典』、『唐会要』などが想定される。(4) この他に「唐格」「唐式」も考えられるが、写本の断簡や逸文しかなく、現状ではまとまった形での史料集がないため、直接的に『新唐書』との対応関係を確認することはできない。上記の史料のうち、該当記事には律（刑法）的な規定がみあたらないことから「唐律疏」を、また『唐六典』に依拠していることが明らかな『旧唐書』を、そして官賤人規定のみられない『通典』をそれぞれ除外し、主として「唐令」と『唐六典』との対応関係を考えることにより、『新唐書』百官志の官賤人記事の史料的性格を考えることにしたい。『唐会要』には1条のみ関連する規定があるが、その関連する規定を検討する際にだけ取り上げることにする。なお、「唐令」については、写本が残っていないため、近年発見された「天聖令」中の不行唐令、(5)そして唐令逸文を集成した『唐令拾遺補』(6)、唐令を手本として編纂された日本令（養老令(7)）を用いて総合的に検討することにしたい。

『新唐書』百官志の官賤人記事と、「天聖令」、『唐令拾遺補』、「日本養老令」、『唐六典』の規定との対応を表にまとめると、次頁の表（「『新唐書』百官志中の官賤人記事対応表」）のようになる。表をみて、まず指摘できることは、以下の諸点である。

i．4と6以外の記事については何らかの対応史料が存在しており、4についても関連規定が存在していることから、『新唐書』の当該記事は然るべき典拠をもって書かれたと考えられる。

ii．『唐六典』に対応する記事（1・2・3・5・7・9・10・11・12・13）も多いが字句の異同があり、また全く対応しない記事（4・6・8）もあることから、『新唐書』の当該記事は『唐六典』の引き写しとは考えられない。

iii．『新唐書』の当該記事中には、「天聖令」の不行唐令、もしくは『唐令拾遺補』や「日本令」の規定に対応するものが八条（1・2・5・7・8・9・10・11）存在する。このなかには「天聖令」以外に対応する史料がないもの（8）が含まれていることから、これらの記事は「唐令」そのものを参照して書かれた蓋然性が高い。

以上に記したように、該当記事十三条のうち八条は「唐令」そのものを参照して書かれたと思われる（ただし、7と9は、雑令の同一条文にもとづく）が、残りの五条はどうであろうか。

まず、取り上げたいのは、3の記事である。この記事は、『唐六典』に対応記事があるが、前記iiに述べたように『唐六典』からの引用とは考えられない。『唐六典』は「唐令」と「唐式」を典拠としていることから、本記事は「唐令」

表　『新唐書』百官志中の官賤人記事対応表

『新唐書』百官志官賤人記事	天聖令	唐令拾遺補	日本養老令	唐六典
1．凡反逆相坐、没其家配官曹、長役為官奴婢。一免者、一歳三番役。再免為雑戸、亦日官戸、二歳五番役。毎番皆一月。三免為良人。	不明	戸令四一	戸令 38	巻 6 都官郎中
2．六十以上及廃疾者、為官戸、七十為良人。	不明	戸令四一	戸令 38	巻 6 都官
3．毎歳孟春上其籍、自黄口以上印臂、仲冬送於都官、条其生息而按比之。	（雑令唐 19）	無	無	巻 6 都官郎中
4．楽工、獣医、騸馬、調馬、群頭、栽接之人皆取焉。附貫州県者、按比如平民、不上番、歳督丁資、為銭一千五百。丁婢・中男、五輸其一。侍丁・残疾半輸。	不明	無	無	（巻 6 都官郎中）
5．凡居作者、差以三等。四歳以上、為小。十一以上、為中。二十以上、為丁。丁奴、三当二役。中奴・丁婢、二当一役。中婢、三当一役。	雑令唐 23	無	無	巻 6 都官郎中
6．毎歳春、以戸小児・戸婢仗内蒔種溉灌、冬則謹其蒙覆。	不明	無	無	無
7．婦人以罪配没、工縫巧者隷之、無技能者隷司農。	雑令唐 18	無	無	巻 6 都官郎中・巻 19 司農寺
8．諸司営作須女功者、取於戸婢。	営繕令唐 2	無	無	無
9．官戸奴婢有技能者配諸司、婦人入掖庭。	雑令唐 18	無	無	巻 6 都官郎中・巻 19 司農寺
10．以類相偶。	雑令唐 17	無	無	巻 6 都官郎中・巻 19 司農寺
11．行宮監牧及賜王公・公主皆取之。	（雑令唐 20）	獄官令補五	無	巻 6 都官郎中
12．凡孳生鶏彘、以戸奴婢課養。	不明	無	無	巻 19 鉤盾署
13．給戸奴婢・番戸・雑戸資糧衣服。	（雑令唐 23）	（雑令 25）	（雑令 33・34）	巻 27 典倉署

（凡例）

1．「天聖令」の項は、天一閣博物館・中国社会科学院歴史研究所天聖令整理課題組校証『天一閣蔵明鈔本天聖令校証　附唐令復原研究』中華書局、2006 年）の条文との対応を示す。なお、括弧がついているものは、直接対応するのではなく、関係あると思われる条文の存在を示す（以下、同様）。
2．「唐令拾遺補」の項は、池田温編集代表『唐令拾遺補』（東京大学出版会、1997 年）第三部「唐日両令対照一覧」中の復旧唐令の条文との対応を示す。
3．「日本養老令」の項は、井上光貞ほか校注『日本思想大系 3　律令』（岩波書店、1976 年）に掲載される養老令の条文との対応を示す。
4．「唐六典」の項は、対応する規定の収載されている箇所（巻数・官司名）を示す。

もしくは「唐式」に直接もとづいたものと考えてよいだろう。そこで、本記事に関連する「宋天聖雑令」収載の不行唐令との関係を考えてみたい。

〔宋天聖雑令唐19条〕

諸官戸皆在本司分番上下。毎［年？］十月都官案比、男年十三以上、在外州者十五以上、各取容貌端正者送太楽（其不堪送太楽者、自十五以下皆免入役）。十六以上送鼓吹及少府監教習、使有工能。官奴婢亦準官戸例分番（下番日則不給糧）。願長上者、聴。其父兄先有技業堪伝習者、不在簡例。雑戸亦任（在？）本司分番上下。

諸そ官戸は皆本司に在りて分番上下せよ。毎年十月、都官案比し、男の年十三以上、外州に在る者は十五以上、各容貌の端正なる者を取りて、太楽に送れ（其れ太楽に送るに堪へざれば、十五より以下は皆入役を免ぜよ）。十六以上は鼓吹及び少府監に送りて教習し、工能有らしめよ。官奴婢も亦官戸の例に準じて分番せよ（下番の日は則ち糧を給はざれ）。長上を願はば、聴せ。其れ父兄先に技業有りて伝習に堪へなば、簡ぶ例に在らず。雑戸も亦本司に在りて分番上下せよ。

3の記事には「仲冬送於都官、条其生息而按比之」とあるが、前記の傍線部「毎年十月都官案比」に対応すると考えられる。『唐六典』の該当記事とあわせみるならば、2の記事は、令文の傍線部をより細かく規定したものと考えられ、令の施行細則である式をもとに書かれた蓋然性が高いのではないかと思われる。

同様に式の規定をもとに書かれたと想定されるものに、13の記事がある。これに対応するのが、次の『唐六典』の規定である。

〔唐六典巻二十七典倉署条〕

凡戸奴婢及番戸・雑戸、皆給其資糧、及春冬衣服等数、如司農給付之法。若本司用不足者、則官給。

凡そ戸奴婢及び番戸・雑戸は、皆其の資糧、及び春冬の衣服等を給ふ数は、司農の給付の法の如くせよ。若し本司の用不足せば、則ち官給へ。

この規定の趣旨は、戸奴婢など官賤人に司農寺所属の官賤人と同様な基準で食料や衣服を支給するというものだが、その前提としてここで直接規定の対象になっているのは司農寺以外の官司に所属する官賤人であることを認識する必要がある。すなわち、司農寺の官賤人に対する給付法が本則であって、(8)この規定はそれに準拠ないし補足したものといえ、司農寺の所管以外の特定の官司（典倉署）の施行細則と考えられる。『唐六典』の規定および、それに対応する13の記事は、「唐式」をもとに書かれたものと想定してよいだろう。

次に取り上げたいのは、4の記事である。これに関連する規定が、『唐六典』にみられる。

〔唐六典巻六都官郎中員外郎条〕

凡配官曹、長輪其作、番戸・雑戸、則分為番。（番戸一年三番、雑戸二年五番、番皆一月。十六已上当番請納資者、亦聴之。其官奴婢長役無番也。）

凡そ官曹に配し、長く其の作を輸さしむるに、番戸・雑戸は、則ち分けて番を為せ。（番戸は一年に三番、雑戸は二年に五番、番は皆一月なり。十六已上は、番に当たりて資を納むるを請へば、亦聴せ。其れ官奴婢は長役無番なり。）

4の記事は、楽工・獣医・騙馬・調馬・群頭・栽接など、番戸ないし雑戸が上番して勤務すべき色役を示しており、上番しない場合の納資額を規定している。この記事は、前記の『唐六典』の規定の番戸・雑戸の上番規定に対応するものであり、とりわけ傍線部の納資規定の細則という性格をもつものといえる。したがって、4の記事も「唐式」を参照した可能性が考えられる。

最後に6と12の記事だが、どちらもかなり個別具体的な使役内容についての規定という共通性が確認できる。すなわち、6の記事には「仗内」（宮城内か）という場所の限定があり、12の記事は「鉤盾署」という官司内の使役という限定があると思われる。「令」にある程度普遍的な性格を認めるとするならば、断定はできないが、6・12どちらも「唐式」によった可能性があるだろう。

以上、些末な検討となったが、『新唐書』の該当記事は、「唐令」ないし「唐式」にもとづいて書かれたものと想定され、唐代官賤制の基本資料として利用価値の高いものと考える。

三　「唐令」の年代をめぐる問題

『新唐書』百官志の官賤人記事の史料的な性格を考える上で、典拠史料の「唐令」「唐式」の制作年代を検討する必要があるだろう。「唐式」については現状では年代を明らかにすることはできないが、「唐令」については考えるべきところがある。

「唐令」の年代を考究する上で、注目されるのが、1の記事である。この記事は、表にも記したように、『唐六典』の次の記事と対応している。

〔唐六典巻六都官郎中員外郎条〕

凡反逆相坐、没其家為官奴婢（反逆家男女及奴婢没官、皆謂之官奴婢。男十四以下者、配司農。十五已上者、以其年長、命遠京邑、配嶺南為城奴）。一免為番戸、再免為雑戸、三免為良人、皆因赦宥所及則免之（凡免皆因恩言之、得降一等、二等、或直入良人。諸律令格式有言官戸者、是番戸之総号、非謂別有一色）。

凡そ反逆に相坐さば、其の家を没して官奴婢に為せ。（反逆の家の男女及び奴婢は没官、これを官奴婢と謂ふ。男の年十四以下は、司農に配せ。十五已上は、其の年長なるを以て、命じて京邑を遠ざけ、嶺南に配して城奴に為せ）一免して番戸と為し、再免して雑戸と為し、三免して良人と為すに、皆赦宥の及ぶ所に因りて則ち免ぜよ。（凡そ免は、皆恩言に因り、一等、二等を降す、或は直ちに良人に入るるを得。諸そ律令格式に官戸と言ふ者有らば、是れ番戸の総号にして、別に一色有るを謂ふに非ず）。

一見して、『新唐書』のものが『六典』のものに比べ「唐令」を改変・簡略した度合いが大きいことがうかがわれる。『唐六典』にあり、『新唐書』にない内容がいくつかあるが、ほぼ同内容とみなしてよいと思われる。しかし、大きな違いも含まれている。それは、番戸・雑戸・官戸の関係である。

『唐六典』の傍線部では、官戸は番戸の総号であり、雑戸は番戸（＝官戸）より一段階良人に近い上級身分として規定されている。それに対して、『新唐書』では、番戸のことは直接ふれられておらず、雑戸が官戸ともいわれると述べている。すなわち、『新唐書』では、雑戸と官戸が同じ身分のように規定されているのである。これまでは、『唐六典』の記事を基準にして、それと異なる内容を記す『新唐書』のこの記事は宋人の誤りとして斥けられ、全く史料的に評価されてきていない[9]。しかし、果たしてそうであろうか。『新唐書』の記事を検討するにあたって、次の史料に注目したい。

〔梁谿漫志巻九官戸雑戸〕

律文有官戸、雑戸、良人之名。今固無此色人、讞議者已不要此律、然人罕知其故。按唐制、凡反逆相坐、没其家為官奴婢。反逆家男女及奴婢没家、皆謂之官奴婢。男年十四以下者配司農。十五以上者、以其年長、令遠京邑、配嶺南為城奴也。一免番戸、再免為雑戸、三免為良人、皆因赦宥所及則免之。凡免、皆因恩言之、得降一等、二等、或直入良人。諸律令格式有言官戸者、是番戸、雑戸之総号、非謂別有一色。蓋本於此。

律文に官戸・雑戸・良人の名有り。今固より此の色の人無く、讞議する者已に此の律を要さず、然して人の其の故を知ること罕なり。唐制を按ずるに、凡そ反逆に相坐さば、其の家を没して官奴婢に為せ。反逆の家の男女及び奴婢は家を没す、皆これを官奴婢と謂ふ。男の年十四以下は司農に配せ。十五已上は、其の年長なるを以て、京邑を遠ざけ、嶺南に配して城奴に為さしむるなり。一免して番戸、再免して雑戸と為し、三免して良人と為すに、皆赦宥の及ぶ所に因りて則ち免ぜよ。凡そ免は、皆恩言に因り、一等、二等を降す、或は直ちに良人に入るるを得。諸そ律令格式に官戸と言ふ者有らば、是れ番戸・雑戸の総号にして、別に一色有るを謂ふに非ず。蓋し此を本とする。

唐制として引用されている内容は、上記の『唐六典』の該当部分とほとんど同文といってよいが、傍線部に注目してほしい。律令格式において、官戸とは番戸と雑戸の総号であると説明されている。すなわち、官戸は番戸と雑戸の両方を総括する呼称とされているのである。そうなると、『新唐書』の1の記事で、雑戸を官戸ともいうと述べているのもあながち間違いとはいえないということになる。『新唐書』の記事は、かなり「唐令」原文を改変・簡略化したと考えられ、「一免者、一歳三番役」という部分は「番戸」に該当するものであるが、「番戸」の名称を書き落とした可能性が考えられる。そう考えると、『新唐書』の参照した「唐令」においても、官戸とは雑戸のみならず番戸をも含めた総称と規定されていたと想定される。

以上の想定をより確かなものにするためには、「梁谿漫志ニ「律令格式、有言官戸者、是番戸、雑戸之総称」トアルノハ、六典ノブンヲ写シ誤ッタノデ有ル」という宮崎道三郎氏の説を再検討する必要がある。(10)

宮崎氏が指摘されるように、『梁谿漫志』の唐制の記事は一見『唐六典』の引き写しのようにみえるが、実は『唐会要』の方により合致する記事が存在するのである。次に示すのは、静嘉堂文庫所蔵の抄本系『唐会要』からの引用である。

〔唐会要巻八十六奴婢〕

旧制、凡反逆相坐没其家為官奴婢（反逆家男女及奴婢没官、皆謂之官奴婢。男年十四已下者配司農。十五已上者、以其年長、令遠京邑、配嶺南為城奴也）。一免為番戸、再免為雑戸、三免為良人、皆因赦宥所及則免之（凡免、皆因恩言之、得降一等、二等、或直入良人。諸律令格（式）或有言官戸者、番戸・雑戸之総号、非謂別有一色）。

旧制、凡そ反逆に相坐さば、其の家を没して官奴婢に為せ（反逆の家の男女及び奴婢は没官す、皆これを官奴婢と謂ふ。男の年十四以下は司農に配せ。十五已上は、其の年長なるを以て、京邑を遠ざけ、嶺南に配して城奴に為さしむるなり）。一免して番戸と為し、再免して雑戸と為し、三免して良人と為すに、皆赦宥の及ぶ所に因りて則ち免ぜよ。（凡そ免は、皆恩言に因り、一等、二等を降す、或は直ちに良人に入るるを得。諸そ律令格式に官戸と言ふ者有らば、番戸・雑戸の総号にして、別に一色有るを謂ふに非ず）。

ちなみに、京都大学人文科学研究所所蔵の抄本系『唐会要』膠片景照本も、これとほぼ同文であり、問題箇所である傍線部については誤字も含めて全く同じである。なお、通行本の武英殿聚珍版本の傍線部該当部分は『唐六典』と同文だが、通行本は誤脱が多いことが知られ、『唐会要』の原文は抄本系の方に近かったと考えられる。(11)

さて、問題は、『梁谿漫志』が『唐六典』を引用したのか、『唐会要』を参照したのかということになるが、以下に記す二つの点から『唐会要』にもとづいたものであると思われる。その一つの根拠は、唐制の引用箇所は『唐会要』の内容と完全に合致するということがある。『唐六典』には、もう少しその後に年令などによる解放規定が続くが、『梁谿漫志』・『唐会要』ともにその部分を欠いている。理由の二つ目としては、『梁谿漫志』には明確に『唐会要』を引用した箇所が他にも確認できるが、[12]『唐六典』については参照したことを裏づける材料が全くないということがある。したがって、『梁谿漫志』は『唐会要』の旧制として書かれた記事を引用したと判断してよいと思われ、決して『唐六典』の写し間違いなどではないのであり、その史料的価値を疑うことはできない。

『新唐書』・抄本系『唐会要』・『梁谿漫志』という三つの史料をもとに考えるならば、官戸が番戸と雑戸の総号であるという記事内容には十分信頼性があるといえるだろう。そもそも総号というからには、二つ以上のものをまとめた呼称という意味あいがあるのであり、そうした観点からしても番戸という一つの身分の総号とする『唐六典』の説明よりも、『新唐書』や『唐会要』の記事の方が語法的に正しいといえるだろう。[13]

以上の考察によれば、『唐六典』と『唐会要』・『梁谿漫志』・『新唐書』とでは、官戸身分の内容に大きな違いがあったことが確実と思われる。それを簡単に表すと、以下のようになる。

『唐六典』にみえる官戸

番戸　＝　官戸

『新唐書』・『唐会要』などにみえる官戸

番戸　＋　雑戸　＝　官戸

どちらも史料的に信頼性が置けるとしたら、この違いをどう考えるべきであろうか。この設問についてはすでに濱口重國氏が解答を示されているように、時期による違いとして理解するのがよいと考える。濱口氏が、「私共の知ってゐる唐の賤民制度は、主として唐六典や故唐律疏議を通じて得た知識、つまり開元二十年前後の制度に過ぎないのであるから、それをもって開元以前の事を律することは、必ずしも正しいとは言へないのである」と述べられたように、[14]『唐六典』に記された開元年間の官賤人制度とそれ以前の制度とを区別して考える必要がある。実際、開元以前における番戸・官戸・雑戸などの官賤人は、『唐六典』や『唐律疏議』にみられるものとかなり違ったものであったことが明らかにされている。(15)なお、厳密にいえば、『唐六典』は開元七年令（開元二十六年までの改制が加えられている部分もある）にもとづくものであり、(16)『唐律疏議』は開元二十五年律疏ということであるが、官賤人については開元年間において基本的な改変はなかったと思われる。『唐六典』と『新唐書』・『唐会要』という二つの相異なる史料を整合的に理解するためには、後者は『唐六典』のもとづいた開元七年令（開元二十六年までの改制が加えられている可能性もある）よりも以前の制度を記したものと考える以外ないであろう。実際、『唐会要』には「旧制」として記されている。それでは、『新唐書』や『唐会要』に記された制度は、いつ頃のものであろうか。

この問題を考える上で大きな手がかりを与えてくれるのが、最近発見された「唐戸婚律疏逸文」である。(17)

〔唐戸婚律疏逸文〕

疏云、雑戸者、前代犯罪没官、散配諸司駈使、亦附州県戸貫、賦役不同白丁。官戸亦見〔是〕配隷没官者。

疏に云はく、「雑戸は、前代に犯罪にて没官し、諸司に散配して駈使し、亦州県の戸貫に附すも、賦役は白丁と同じからず。官戸も亦是れ配隷没官なり」てへり。

この逸文は、平安時代中期成立の『小野宮年中行事裏書』に記されるものである。唐律疏には、永徽と開元二十五年のものとがあるが、前者の日本への舶載は確認でき、後者の伝来をうかがわせる徴証はない。(18)したがって、この戸婚律疏逸文は、永徽戸婚律疏と考えてよいであろう。この永徽律疏逸文を、『唐律疏議』の戸婚律疏文、すなわち開元二十五年戸婚律疏一〇養雑戸養子孫条の該当する部分と比べてみると、途中省略部分があるが、全く同文である。すなわち、永徽律の段階においてすでに開元二十五年律と同様に、雑戸と区別される官賤身分として官戸が存在していたことになる。(19)言い換えるならば、永徽律の時には、番戸と雑戸を総称して官戸と呼ぶことはなかったのである。したがって、『新唐書』や『唐会要』の記事にみえる「諸律令格式有言官戸者、番戸・雑戸之総号、非謂別有一色」という規定は、永徽令以前の「唐令」にもとづいたということになるだろう。そうなると、武徳令か、貞観令のどちらかということになるが、雑戸が隋代に廃止され[20]、武徳律令が隋の開皇律令を基本的に継承したものであることを考えるならば[21]、貞観令の蓋然性がきわめて高いと思われる。

しかし、『新唐書』・『唐会要』の反逆相坐により没官されて官奴婢とされた者の解放規定全体を貞観令と見做し得るかというと、ことはそう単純ではない。というのは、永徽令よりも後の改制の可能性も含んでいるからである。永徽令以後の規定と思われるのは、まず解放条件である。本規定に対応する日本令では、次のように八十歳以上という年令による解放が規定されていた[22]。

〔日本養老令38官奴婢条〕

凡官奴婢年六十六以上及癈疾、若被配没令為戸者並為官戸至年七十六以上、並放為良。（任所楽処附貫。反逆縁坐、八十以上、亦聴従良。）

凡そ官奴婢の年六十六以上及び癈疾、若しくは配没せられて戸を為すは並に官戸と為して年七十六以上ならむは、並に放して良と為せ。（任に楽はむ所の処に、貫に附けよ。反逆の縁坐、八十以上ならむは、亦良に従ふることを聴せ。）

恐らく、日本令の藍本であった永徽令でも八十歳という年令条件により解放を規定していたと推測される[23]。それに対し、『新唐書』・『唐会要』のみならず『唐六典』における反逆相坐で没官された官奴婢の解放規定は、恩言（恩勅）による解放が規定されており、永徽令以後の改制を反映したものと考えられる。なお、八十歳以上の解放規定と、恩言による解放規定が並存していたという想定は成り立たず、どちらか一方の規定だけであったと思われることは、恩言による解放規定に「凡免、皆因恩言之」とあるからである。すなわち、反逆相坐の場合、免は全て恩言によったのであり、それ以外の免（年令条件などによる免）はないと解釈できるからである。それ故、開元の制を示す『唐六典』にも規定されている恩言による解放規定は、永徽令にあったと思われる年令に因る解放規定よりも後の規定と考え得るのである。

もう一点考慮すべきは、次の史料である。なお、同史料の前後の記事から判断するに、冒頭の日付の後に「勅」の字が落ちているものと考えられる。

〔唐会要巻四十一雑記〕

神龍三年八月七日、反逆縁坐人、応没官者、年至十六以上、並配嶺南遠悪州為城奴。

神龍三年（七〇七）八月七日、反逆縁坐の人、応に没官すべきは、年十六以上に至らば、並びに嶺南の遠悪州に配して城奴と為せ。

この反逆縁坐で没官された者を嶺南の城奴となすという神龍三年の制は、この時新たに設けられた制度である可能性があり、その場合、同様に嶺南の城奴となす規定を含む『唐会要』の旧制は神龍三年（七〇七）以後の規定ということになり、更に『唐会要』旧制の節文と思われる『新唐書』百官志の規定も同様に神龍三年以後の規定ということになる。なお、城奴になす年齢が神龍三年の制と『唐会要』や『唐六典』とでは異なっているが、神龍三年以後に更に年齢の改訂があったと考えることができるだろう。

以上二点、確実に断言できる論拠ではないが、『唐会要』の旧制記事および『新唐書』百官志の解放規定が永徽令以後である可能性もあることを指摘した。

上述の考察の結果をまとめると、『新唐書』百官志の1の記事（反逆相坐により没官された官奴婢の解放規定）は、官戸は番戸と雑戸の総号とする貞観令の規定を含むものであるが、永徽令以後の改正を受けた規定の可能性もある。ただし、官戸＝番戸とする『唐六典』の規定（開元七年令にもとづいたと思われるが、その後の改制を受けた規定の可能性もある）より前の規定であることは確かである。すなわち、開元二十五年令よりも前の唐令を参照して書かれた記事であると思われる。『新唐書』の編纂において開元二十五年令以外の唐令も参照されていたことを示す史料として、注目すべきものである。

結　語

本附篇の要点をまとめると、以下にようになる。

1.『新唐書』百官志にみえる官賤人記事は、「唐令」および「唐式」にもとづくものと想定され、唐代官賤制の基本史料として有用である。

2.貞観律令においては、官賤人の制度は開元年間の制度と大きく異なっており、官戸は一つの官賤身分ではなく、番戸と雑戸の総称であった。

3.『新唐書』百官志の官賤人記事には、『唐六典』以前の唐令にもとづくと思われる記事が存在しており、宋代には開元二十五年令だけではなく、それ以前の「唐令」が存在し（一部の篇目か）、それが参照されていた可能性がある。

『新唐書』百官志の1の記事については、上述のように考えるが、その他の官賤人記事も全て同じ年代の「唐令」にもとづくものとは限らない。先掲の表にみえるように、官賤人記事の典拠とした「唐令」の篇目には違いがあるのであり、篇目により参照した「唐令」の年代が異なっている可能性もあり、慎重に検討すべきである。1以外の記事の「唐令」の年代については、今後の課題としたい。また、1の記事の典拠となった唐令の年代についても、より正確な年代を特定できるよう考究を深めたいと思う。

註

（1）拙稿「『新唐書』刑法志中の貞観の刑獄記事について」（池田温編『中国礼法と日本律令制』東方書店、一九九二年）、同「『新唐書』選挙志の唐令について」（『工学院大学共通課程研究論叢』三一、一九九三年）、同「『新唐書』兵志の軍制記事について」（佐伯有清編『日本古代史研究と史料』青史出版、二〇〇五年）。

（2）拙稿「『新唐書』刑法志中の貞観の刑獄記事について」（註（1）前掲）。

（3）金部郎中条などのように、職掌・職務規定中で官賤人の用語が含まれているものについては除外してある。また、下記の太常寺条の神厨院の説明のように、明らかに竄入と思われる記事も削除した。

〔新唐書巻四十八百官志三、太常寺条〕

凡蔵大享之器服、有四院。一曰天府院、蔵瑞応及伐国所獲之宝、禘祫則陳于廟庭。二曰御衣院、蔵天子祭服。三曰楽県院、蔵六楽之器。四曰神厨院、蔵御廩及諸器官奴婢。

凡そ大享の器服を蔵ずるに、四院有り。一を天府院と曰ひ、瑞応及び国を伐ちて獲るところの宝を蔵し、禘祫には則ち廟庭に陳す。二に御衣院と曰ひ、天子の祭服を蔵す。三は楽県院と曰ひ、六楽の器を蔵す。四は神厨院と曰ひ、御廩及び諸器・官奴婢を蔵す。

（4）「唐律疏」、「唐令」、『唐六典』等法制史料については、滋賀秀三編『中国法制史基本資料の研究』（東京大学出版会、一九九三年）を参照。

（5）天一閣博物館・中国社会科学院歴史研究所天聖令整理課題組校証『天一閣蔵明鈔本天聖令校証　附唐令復原研究』中華書

局、二〇〇六年）なお、戴建国「〝主僕名分〟与宋代奴婢的法律地位」（『歴史研究』二〇〇四年第四期）も参照。

（6）池田温編集代表『唐令拾遺補』（東京大学出版会、一九九七年）。

（7）井上光貞他『律令』（岩波書店、一九七六年）。

（8）13の記事の本則にあたるのが、次に示す『唐六典』巻六都官郎中条に見られる衣服・食粮支給規定と考えられる

〔唐六典巻六都官郎中条〕

四歳已上為小、十一已上為中、二十已上為丁。春衣毎歳一給、冬衣二歳一給、其糧則季一給。丁奴春頭巾一、布衫・袴各一、牛皮鞾一量並氈。官婢春給裙・衫各一、絹襌一、鞵二量。冬給襦・複袴各一、牛皮鞾一量並氈。十歳已下男春給布衫一、鞋一量、女給布衫一、布裙一、鞵一量。冬、男女各給布襦一、鞵鞋一量。官戸長上者准此。其糧、丁口日給二升、中口一升五合、小口六合。諸戸留長上者、丁口日給三升五合、中男給三升。

四歳已上を小と為し、十一已上を中と為し、二十已上を丁と為す。春衣は毎歳一たび給ひ、冬衣は二歳に一たび給へ。其れ糧は則ち季に一たび給へ。丁奴は春に頭巾一、布衫・袴は各一、牛皮鞾一量並びに氈。官婢は春に裙・衫各一を、絹襌一、鞵二量を給へ。冬に襦・複袴各一、牛皮鞾一量並びに氈を給へ。十歳已下の男は春に布衫一、鞋一量を給へ。女には布衫一、布裙一、鞵一量を給へ。冬には、男女各布襦一、鞵鞋一量を給へ。官戸長上者此に准ぜよ。其量、丁口日に二升を給へ、中口は一升五合、小口は六合。諸戸長上者を留めば、丁口は日に三升五合を給ひ、中男には三升を給へ。

（9）玉井是博「唐の賤民制度とその由来」（『支那社会経済史研究』岩波書店、一九四二年、初出一九二九年）。

（10）宮崎道三郎「家人ノ沿革」（『東洋学芸雑誌』第一八巻第二四二号、一九〇一年）。

（11）古畑徹「『唐会要』の諸テキストについて」（『東方学』七八、一九八九年）、拙稿「北京大学図書館李氏旧蔵『唐会要』の倭国・日本国条について」（『唐王朝と古代日本』吉川弘文館、二〇〇八年、初出二〇〇二年）などを参照。

（12）『梁谿漫志』巻八樹稼霊佺誤は、『唐会要』の書名を明記して同書巻四十四木氷所収の開元二十九年の記事を引用している。

（13）『唐六典』において官戸が番戸の総号という説明になっているのは、官賤人制度の改変によって、もともと「番戸・雑戸之総号」とあった規定から、安直に「雑戸」だけを削除したことから生じた不手際と想像される。

(14) 濱口重國「唐の賤民制度に関する雑考」(『山梨大学学芸学部研究報告』七、一九五六年)。

(15) 濱口氏註(14)論文などを参照。

(16) 拙稿「『唐六典』編纂の一断面」(小此木輝之先生古稀記念論文集刊行会編『歴史と文化』青史出版、二〇一六年)。

(17) 鹿内浩胤「田中教忠旧蔵『寛平二年三月記』について—新たに発見された『小野宮年中行事裏書』—」及び「『小野宮年中行事裏書』(田中教忠旧蔵『寛平二年三月記』)影印・翻刻」(『日本古代典籍史料の研究』思文閣出版、二〇一一年、初出二〇〇三年)。

(18) 坂上康俊は、以下に記す一連の研究で、開元七年令及び開元二十五年令の日本への舶載の徴証が無いことを論じており、開元二十五年律疏ももたらされなかった蓋然性が高い。「『令集解』に引用された唐の令について」(『九州史学』八五、一九八六年)、「舶載唐開元令考」(『日本歴史』五七八、一九九六年)、「日本に舶載された唐令の年次比定について」(『史淵』一四六、二〇〇九年)。

(19) 永徽律と思しき敦煌発見の「職制・戸婚律・廐庫律断簡」の戸婚律一〇養雑戸養子孫条も、開元二十五年律と同文である。

(20) 『隋書』巻二十五刑法志及び『北周書』巻六武帝紀下に、雑戸が北周末以降隋代を通して廃止されていたことが記されている。

〔隋書巻二十五刑法志〕

建徳六年、斉平後、帝欲施軽典於新国、乃詔曰、凡諸雑戸、悉放為百姓。自是無復雑戸。

建徳六年(五七七)、斉を平らぐる後、帝 軽典を新国に施さむと欲し、乃ち詔して曰く、「凡そ諸の雑戸、悉く放して百姓と為す」と。是れより復た雑戸為し。

(21) 『唐会要』巻三十九定格令の武徳律令の記事には、「大略以開皇為准」と記されている。

(22) 本書第三章「日唐官賤人の解放規定について」を参照。

(23) 反逆相坐により没官された者の八十歳という解放年令は、賊盗律一謀反大逆条の規定に対応したものであり、日本令の独自の規定というよりは、唐令に本来あった規定と考えるべきであろう。

附篇二　唐戸令当色為婚条をめぐる覚書

序　言

仁井田陞氏は、日本の養老戸令当色為婚条に相当する規定を『唐令拾遺』戸令第三九条として復旧されている。(1)

〔開二五〕諸工楽雑戸官戸、部曲客女、公私奴婢、皆当色為婚、

諸そ工楽・雑戸・官戸、部曲・客女、公私奴婢は、皆当色にて婚を為せ。

復旧の根拠となったのは、次の二種類の戸令逸文であるが、日本令の対応条文を参考にされ、「家人公私奴婢」に相応する「部曲客女公私奴婢」の八字を意補している。

〔唐戸婚律一〇養雑戸為子孫条疏議、宋刑統戸婚律養子立嫡門養雑戸為子孫条疏議〕

依戸令、雑戸官戸、皆当色為婚。

戸令に依るに、雑戸・官戸は、皆当色にて婚を為せ。

〔唐戸婚律四三雑戸不得娶良人条疏議、宋刑統戸婚律主与奴娶良人詐妄嫁娶門雑戸不得娶良人条疏議〕

其工楽雑戸官戸、依令、当色為婚。若異色相娶者、律無罪名、並当違令。既乖本色、亦合正之。

其れ工楽・雑戸・官戸は、令に依るに、当色にて婚を為す。若し異色にて相ひ娶らば、律に罪名無きも、並びに違令に当たる。既に本色に乖かば、亦たこれを正すべし。

〔日本養老戸令35当色為婚条〕

凡陵戸、官戸、家人、公私奴婢、皆当色為婚。

凡そ陵戸・官戸・家人・公私奴婢は、皆当色にて婚を為せ。

仁井田氏の唐令復旧案で意補された部分に問題があることは、本書第二章でも述べたが、その際は「部曲客女」に限って述べたため、当条で同じく意補された「公私奴婢」については全く検討を加えることができなかった。(2)そこで、まずその復旧の適否について考えてみたいと思う。

一　先行研究の再検討

当色為婚条に「部曲客女公私奴婢」の八字を復旧することに最初に疑問を投げかけられたのは、滋賀秀三氏である。(3)氏は、名例律四七官戸部曲条の疏議中に部曲妻の説明として「其妻通娶良人客女奴婢為之」とある部分の「奴婢」を衍字とする玉井是博・濱口重國両氏の説を批判され、(4)「部曲が奴婢身分の女性を娶ることを禁ずる明文は唐代法源のなかに見出されない」として、仁井田氏の意補された「部曲客女公私奴婢」の復原根拠がきわめて薄弱であることを述べられている。(5)「奴婢」が衍字であるか否かは以下に検討するにしても、部曲が良人の女性を妻とすることができたことに関しては異論がないわけであり、少なくとも、異色婚の認められた「部曲」の語を当色為婚条に復旧することの誤りは確かであろう。(6)

玉井・濱口両氏が「奴婢」を衍字とみられた理由には、まず疏議の他の部分での部曲妻の説明に「奴婢」が全くみえないことがあるからと思われる。

a.〔唐名例律二〇府号官称条疏議〕

部曲妻者、通娶良人女為之。

部曲の妻は、通じて良人の女をも娶りてこれと為す。

b.〔唐名例律四七官戸部曲条疏議〕

部曲、謂私家所有。其妻通娶良人、客女、奴婢為之。

部曲とは、私家の有する所を謂ふ。其の妻は、通じて良人・客女・奴婢を娶ってこれと為す。

c.〔唐戸婚律一一放部曲為良条疏議〕

部曲娶良人女為妻、夫死服満之後、即合任情去住。

部曲、良人の女を娶りて妻と為すは、夫死して服満ちるの後は、即ち情に任せて去住すべし。

d.〔唐闘訟律一九部曲奴婢良人相殴条疏議〕

名例律称部曲者、妻亦同。此即部曲妻、不限良人及客女。

名例律に「部曲と称するは、妻も亦た同じ」と。此れ即ち部曲の妻は、良人及び客女たるを限らず。

e.〔唐雑律一三錯認良人為奴婢条〕

若錯認部曲為奴、杖一百。若部曲妻、雖取良人女為、亦依部曲之坐。

若し部曲を錯認して奴と為したる者は、杖一百。若し部曲の妻、良人の女を取りて為したると雖も、亦た部曲の坐に依る。

f．〔唐捕亡律一三官戸奴婢亡条疏議〕

部曲雖取良人之女、其妻若逃亡、罪同部曲。

部曲、良人の女を取ると雖も、其の妻若し逃亡すれば、罪は部曲に同じ。

玉井氏の指摘された部曲妻の説明箇所は全部で六箇所あるが、確かに奴婢との通娶を述べているのは当条bのみであり、両氏が衍字とみられたのも無理はないと思う。しかし、『宋刑統』の該当箇所でも『唐律疏議』同様「奴婢」の語が明記されており、軽々に衍字としてすますことはできないと思われる。そこで、bを除くa・c・d・e・fの各説明が、どのような文脈でなされているのかを確認してみると、aでは単に部曲の妻には良人の女性も娶ることができることを述べているにすぎず、cではケース設定として部曲妻が良人の女性である場合を述べているだけであり、dでは良人・客女という元の身分にかかわらず部曲妻の処罰に違いはないことを述べているのであり、e・fでは良人の女性が部曲妻となった場合でも、部曲同様の処罰をすることを述べているにすぎないことがわかる。すなわち、以上の六箇所の部曲妻の説明部分は、部曲妻そのものの定義というよりも、むしろ部曲妻が良人の女性であった場合の特殊性が問題として取り上げられているにすぎず、部曲妻には奴婢身分の者が含まれないとする程の積極的な論拠となるものではないことが了解される。つまり、a・c・d・e・fをもって、bの部曲妻の説明に「奴婢」の語が存在することを否定することはできないのである。

第二の理由としては、玉井氏が述べられたことだが、部曲が婢を娶ることを禁ずる明文はないが、官戸・部曲・官私奴婢の犯罪について律に正文がない時は良人に準ずるとする名例律四七条の規定に従い、良人が婢を娶ることを禁じられたと同様に部曲が婢を娶ることは禁じられていたとするものである。しかし、bの疏議の説明のように部曲が奴婢身分の女性を娶ることが公認されていたならば、当然律に禁止・処罰の明文がある筈はないのであり、疏議中の

「奴婢」が衍字であることが別に証明されていなければ成り立たない議論である。

第三の理由としては、濱口氏が述べられたことだが、賤人制の全体からみて、部曲が当色より下位の婢と結婚することはありえないとするものである。そのため氏は、bの疏議の文章に誤りがあるとみて字句の更改を試みられているが、先述したように『唐律疏議』と『宋刑統』は全く同文であり[7]、また滋賀氏も述べられたように、現状のままで文の流れ自体に疑う程の無理はないのであり[8]、恣意的に史料を改変すべきではないと思う。問題となるのは、賤人制全体との整合性だが、これまた滋賀氏が述べられているように、主が婢を解放して妾とすることが合法とされていた以上、一段身分の低い部曲が奴婢身分の女性を妻とすることに妨げがなかったと考えて何ら支障はないと思う[9]。ただし、後述するように滋賀氏の説は私奴婢身分の場合に限って成り立つものであり、官奴婢については別に考える必要がある。

以上、ともかくも、玉井・濱口両氏の「奴婢」衍字説には十分な根拠があるわけではないことを明らかにできたと思う。これにより、『唐律疏議』（『宋刑統』）の名例律四七官戸部曲条の部曲妻の説明に従い、少なくとも私奴婢身分の女性は部曲との通娶が認められていたと考えてよいと思われる[10]。したがって、当色為婚条に「私奴婢」を復旧することは誤りとしてよいであろう。

二　唐戸令当色為婚条の復原私案

滋賀氏は、「部曲が奴婢身分の女性を娶ることを禁ずる明文は唐代法源のなかに見出されない」と述べられているが[11]、次に示すように官奴婢と他の身分の者との通娶を認めない規定は存在するのであり、氏の述べられたことはあくまでも私奴婢の場合に限って認められるものである。

g.〔唐六典巻六都官郎中員外郎条〕

男女既成、各従類而配偶之。

男女既に成らば、各類に従ひて配偶せよ。

h.〔唐六典巻十九司農寺条〕

凡官戸奴婢男女成人、先以本色媲偶。若給賜、許其妻子相随。若犯籍没、以其所能各配諸司、婦人巧者入掖庭。

凡そ官戸・奴婢の男女、人と成らば、先に本色を以て媲偶せよ。若し給賜するは、其の妻子の相ひ随ふを許せ。若し犯にて籍没せば、其の所能を以て各諸司に配し、婦人の巧なる者は掖庭に入れよ。

i.〔新唐書巻四十八百官志、司農寺条〕

官戸奴婢有技能者配諸司、婦人入掖庭。以類相偶。行宮監牧及賜王公公主皆取之。

官戸・奴婢に技能有らば諸司に配し、婦人は掖庭に入れよ。類を以て相偶せしめよ。行宮・監牧及び王公・公主に賜ふは、皆これを取れ。

g・h・iの諸規定によれば、官奴婢は同類とのみ配偶されたのであり、当然、部曲との通婚は禁じられていたのである。それならば、当色為婚条に「公《(官)》奴婢」を復旧することは正しいのかというと、結論から述べると私は正しくないと考える。

その理由の第一は、当色為婚条の復旧根拠史料である戸令の逸文には全く「奴婢」の語句がみられない事実を重視すべきであるということである。戸令逸文を引く戸婚律一〇養雑戸為子孫条疏議、同律四三雑戸不得娶良人疏議では、逸文にみられる雑戸・官戸だけでなく奴婢身分のケースも同様に論じているのにもかかわらず、どちらの逸文でも「奴婢」の語がみえないのは実に不審である。とりわけ、四三条の場合、疏議中では全く問題とされていない「工楽」までが令逸文に引かれているにもかかわらず、あえて「奴婢」の語がみえないのは、もともと当色為婚条に「奴婢」が規定されていなかったことを想定させる。

第二の理由としては、官奴婢・私奴婢を問わず奴婢身分の者が夫妻関係を結ぶことは、同身分間であろうと異身分間であろうと「婚」という語で表現されることはなかったのではないかということがある。すなわち、史料のg・h・iでも「配偶」・「婚偶」・「相偶」という語が用いられているし、唐律では主に「娶」という語が使われ、唐令では「配」が用いられていた可能性が高い(12)。管見の限りでは、他史料を通じても奴婢が「婚」をなしえたとする確実な証拠は見出せない(13)。「婚」・「娶」・「配」はいずれも夫婦関係を結ぶことを意味する用語だが、法的・儀礼的要件を満たすことを求められる「婚」に対し、そうした裏づけをもたぬ「娶」・「配」との違いに注意する必要があるであろう。資財・畜産に比され、主人の処分によった奴婢には、主体的に「婚」をなす法的能力も儀礼を行う資格も認められていなかったのではないだろうか(14)。史料gの配偶規定も、官奴婢が主体となるのではなく、あくまでも処分権を有した主人である官が「配偶」させる主体として規定されていると考えられる。「婚」と「配偶」の異質性に注目するならば、官奴婢については当色為婚条とは別に規定が立てられていたと考えるのが最も自然であると思う(補註1)。工楽以下官奴婢に至るまで諸司に隷属した諸身分は皆等しく同色同類との夫妻関係のみ合法とされたが、官奴婢のみは礼法にもとづいた「婚」をなす主体と認められていなかったため、戸令当色為婚条には規定されていなかったものと考える。

以上、瑣末な議論に終始したが、結論として、仁井田氏の復旧された唐戸令当色為婚条の「部曲客女公私奴婢」という意補部分は削除すべきであり、その復旧条文は左記のように修正すべきであると考える。

〔開二五〕諸工楽雑戸官戸、皆当色為婚、

諸そ工楽・雑戸・官戸は、皆当色にて婚を為せ。

仁井田氏は、対応する日本令によって意補されたわけだが、日本令で「家人公私奴婢」をも当色為婚条に規定したことはあくまでも日本側の改変によるもので、日本の賤人制のなかで説明すべき問題と考える。[15] この問題については、本書第五章で論じている。[16]

結　語

さて、唐戸令当色為婚条の復旧案を修正することにより、改めて意識されるのは、官奴婢と官戸以上の諸身分の性格の違いである。従来、とかく太常音声人以下官奴婢に至るまで一まとめにして官賤人と捉えられていたわけだが、「婚」を視点としてみた場合、官奴婢と官戸以上の諸身分が截然と区別されていたことがわかる。このことは、単に法関係の主体的地位の有無如何にとどまらず、[17] 礼の秩序から排除されたのが賤人であるという良賤制の理念にも深く関ってくる問題と思われる。[18] 即ち、「婚」をなしえた官戸以上の諸身分は、百姓と全く同じとはいえないにしても、一応礼の秩序に包摂されていたと考えられるのであり、[19] そのような彼らを果して賤人と定義できるのかという問題がある。[20] このことに関連して、かつて滋賀氏が指摘されたように、律令法上明らかに賤人とされたのは奴婢のみであったことを想起することにより、[21] ますますこの疑いの念を強くする。確かに、太常音声人・工楽・雑戸・官戸は良人とも区別されており、彼らを良身分とすることはできないが、[22] だからといって賤人として一律に捉えることにも問題があるように思われる。太常音声人・工楽・雑戸・官戸は広い意味では賤人に分類されるにしても、良と賤の中間的な身分とも考え得るのではないだろうか。[23]

無論、このように重要な課題は、「婚」の有無のみにより解決するものではなく、[24] また官賤人のみならず私賤人にまで広げて考える必要がある。[25] さらに、以上のことは、あくまでも開元の制にもとづく行論であり、それ以前の制度との関連、変遷などについても考えなければなるまい。[26] 本稿は、その意味で全く問題提起の域を出るものでなく、覚書と題した次第である。

註

（1）仁井田陞『唐令拾遺』（東京大学出版会、一九八三年。初版は東方文化学院より一九三三年に刊行）二五八・二五九頁。

（2）本書第二章「律令賤人制の構造と特質」を参照。なお、堀敏一「中国古代における良賤制の展開——均田制時代における身分制の成立過程——」（『均田制の研究』岩波書店、一九七五年）の四〇〇頁の註（25）も参照のこと。

（3）滋賀秀三「名例」（『訳註日本律令』五、東京堂出版、一九七九年）二九五頁、註1。

（4）玉井是博「唐の賤民制度とその由来」（『支那社会経済史研究』岩波書店、一九四二年、初出一九二九年）。濱口重國『唐王朝の賤人制度』（東洋史研究会、一九六六年）第二章「部曲客女の研究」第二節第二項。

（5）滋賀前掲註（3）訳註参照。

（6）仁井田陞「部曲・奴婢法」（『中国身分法史』東京大学出版会、一九八三年。初版旧題は『支那身分法史』で東方文化学院より一九四二年に刊行）は、部曲が客女、婢、良人の女を娶って妻とすることができると述べており、『唐令拾遺』戸令第三九条（当色為婚条）の復旧案と齟齬をきたしている。

（7）濱口氏は、仁井田氏が用いられた『唐律疏議』の版本（宮内庁書陵部所蔵の物観本、ないしは宮内庁書陵部・國學院大學図書館所蔵の日本官版かと推測される）に依拠して立論されているが、他の良質な版本は全て『宋刑統』と同文である。『唐律疏議』の版本ごとの字句の異同については、律令研究会編『訳註日本律令』二・三（東京堂出版、一九七五年）の唐律校勘を参照。

（8）滋賀前掲註（3）訳註参照。

（9）滋賀前掲註（3）訳註参照。

（10）疏議が「私奴婢」と限定していないのは、後述のように官奴婢は同類配偶が規定され、長役無番で官司に拘束されていたため、部曲との接触はありえないと考え、文脈上から当然「私奴婢」のことに限定されるということで「私」の字をあえて加えることをしなかったのではないかと思う。

（11）滋賀前掲註（3）訳註参照。

（12）唐律では、例えば、戸婚律四二奴娶良人為妻条、同律四三雑戸不得娶良人条などで「娶」が用いられている。唐令は関連条文が復旧されていないため明らかではないが、日本の養老戸令37良人家人条、同捕亡令14両家奴婢条では「配」が用いられている。養老戸令37良人家人条に対応する唐令が存在したことは、唐戸婚律一一放部曲為良条疏議により確実であり、その疏議中でも「配」が用いられていることから、唐令でも日本令同様奴婢の夫妻関係を結ぶ行為を「配」で表現していたと考えられる。ちなみに次に示す『新唐書』と『太平広記』における「配」の用字も参考になるであろう。

〔新唐書巻一九六隠逸・張志和伝〕

帝嘗賜奴婢各一、志和配為夫婦、号漁童・樵青。

帝嘗て奴婢各一を賜ひ、志和配して夫婦と為し、漁童・樵青と号す。

〔太平広記巻三七五再生一、李仲通婢〕

開元中、……婢死。埋於鄢陵、経三年……鄢陵婢随手而出。……駆使如旧。便配與奴妻。生一男二女。更十七年而卒。

開元中、……婢死す。鄢陵に埋めて、三年を経る……鄢陵の婢、手に随ひて出る。……駆使すること旧の如し。便ち奴の妻に配し与ふ。一男二女を生む。更に十七年にして卒す。

（13）仁井田陞「唐代法における奴婢の地位再論——濱口教授の批評に答えて——」（『史学雑誌』七四―一、一九六五年）、ならびに同前掲註（6）論文は、奴婢が「婚」をなしえたとして、次の史料を論拠としている。

〔唐六典巻六都官郎中員外郎条〕

凡元、冬、寒食、喪、婚、乳免咸与其仮焉（官戸、奴婢、元日、冬至、寒食放三日仮、産後及父母喪、婚一月、聞親喪放七日）。

凡そ元・冬・寒食・喪・婚・乳免には咸な其の仮を与へよ（官戸・奴婢には、元日・冬至・寒食には三日の假を放し、産後及び父母の喪・婚には一月、親の喪を聞かば七日放せ。）

『唐六典』の本文は、括弧内の注文を要約したものと考えられるが、この注文の規定（『唐令拾遺』雑令第二四条）中の「婚」部分には脱文ないし竄入があると思われる。すなわち父母の喪と婚に対しともに一月の仮を与えるとしているが、官人でも婚仮は九日のみ（『唐令拾遺』仮寧令第五条）であり、官戸・奴婢が一月も婚仮が与えられたとは考えがたい。次に引く日本令の対応条文を参考にするならば、「婚」の字を竄入とみるべきではないかと思うが、日本令では官人にさえ婚仮を認めていなかったため、「婚」を衍字と断定しきることもできない。しかし、たとえ「婚」の字の存在を認めるにしても、上述のように現状のままでは理解しがたく、「婚」の部分に脱文を想定しなければならないだろう。（補註2）

〔日本養老雑令32放休仮条〕

凡官戸奴婢者、毎旬放休仮一日。父母喪者、給仮卅日。産後十五日。其懐妊及有三歳以下男女者、並従軽役。

凡そ官戸・奴婢には、旬毎に休仮一日を放せ。父母の喪には、仮三十日を給へ。産後には十五日。其れ懐妊し及び三歳以下の男女有らば、並びに軽き役に従へよ。

（14）〔唐名例律三二彼此倶罪之贓条疏議〕

其奴婢同於資財。不従縁坐免法。

其れ奴婢は資財に同じ。縁坐の免法に従はず。

〔唐名例律四七官戸部曲条疏議〕

奴婢賤人。律比畜産。

奴婢は賤人なり。律は畜産に比す。

〔唐戸婚律四三雑戸不得娶良人条疏議〕

奴婢既同資財。即合由主処分。

奴婢は既に資財に同じ。即ち主の処分に由るべし。

〔唐賊盗律一謀反大逆条疏議〕

奴婢同資財。故不別言。

奴婢は資財に同じ。故に別に言はず。

〔唐賊盗律一五造畜蠱毒条疏議〕

奴婢比之資財。諸条多不同良人。即非同流家口之例。

奴婢はこれを資財に比す。諸条多く良人と同じからざれば、即ち同流の家口の例に非ず。

(15) 賤人制の違いのみならず、唐・日の「婚」の概念・婚姻慣行の相違からも考える必要があるであろう。とりわけ、当時の日本では「婚」に礼との関連があまり認められないことに注意しなければならない。

(16) 本書第五章「日唐戸令当色為婚条について」を参照。

(17) この問題に関しては、かつて仁井田氏と濱口氏の間に論争が行われた。仁井田前掲註(13)論文。濱口重國「唐法上の奴婢を半人半物とする説の検討」(『史学雑誌』七二―九、一九六三年)、濱口前掲註(4)書。

(18) 西嶋定生「中国古代奴婢制の再考察――その階級的性格と身分的性格――」(『西嶋定生東アジア史論集　第五巻　歴史学と東洋史学』岩波書店、二〇〇二年、初出一九六一年)。尾形勇「身分制的秩序と国家秩序」(『中国古代の「家」と国家』岩波書店、一九七九年、初出原題「良賤制の展開とその性格」一九七〇年)は、註(13)に引いた『唐六典』の官戸奴婢の給仮規定中の喪仮・婚仮は婚礼・喪礼への参加を意味しないとされる。尾形氏は、「喪婚放一日」と史料を引用されているが、『唐六典』の「一月」を誤りとして「一日」と訂正されたのか、それとも単なる誤植なのか不明。この点、多少立論にも影響があるのではないかと考える。

(19) 官戸以上は給田の対象とされたが(『唐令拾遺』田令第二五条)、均田制(井田制)は王土思想にもとづくものであり、給田されることは王礼の及ぶ証しであったとも理解できるのではないだろうか。確かに、北朝の初期均田制においては奴婢も給田されたが、あくまでもそれは名目的なもので、実質的にはその主人への給田であり、唐代の官戸らへの給田とは全く異質なものである。

(20) そもそも礼楽に与った太常音声人が礼の秩序外の存在というのも、実に理解しがたいことであると思う。官戸→雑戸→工楽→太常音声人と良人に近づくに従って、礼の及ぶ程度・範囲が拡大する構造になっていたと思われる。

(21) 滋賀秀三「(著書論文紹介) 濱口重國「唐の官有賤民、雑戸の由来について」」(『法制史研究』十一、一九六〇年)、「訳註唐律疏議(四)(名例第二四条―第二九条)」(『国家学会雑誌』七五―十一、十二、一九六二年)。ただし、滋賀前掲註(3)訳註、一六五頁註3では、唐名例律二八工楽雑戸条の疏議に「若是賤人。自依官戸及奴法」とあることから「官戸および奴婢を特に「賤人」と称している」と解されているが、該当部分の疏議は賤人(=奴婢)ならば名例律四七官戸部曲条によれと述べているのにすぎず、賤人=官戸+奴婢ということではないだろう。「官戸及奴法」というのは、あくまでも名例律四七条の略称と解するべきものと考える。管見の限りでは、官戸が「賤」と称された明証はない。

(22) 濱口前掲註(4)書、第一章「私奴婢の研究」(第一節唐法上の賤人という用語)では、滋賀氏への批判が行われているが、本論に関係する点(名例律二八条疏議の解釈)については註(21)で述べた通り。

(23) 滋賀註(21)訳註の述べるように、その中間身分が「隷」と称されたかどうかは、今少し検討する必要がある。ちなみに、太常音声人以下官戸に至る諸身分には、受田以外にも、番役であり、資課が認められたという共通性をもち、色役・雑任役との類似性があることに注意する必要があるだろう。官奴婢に納資がなかったことは、濱口前掲註(4)書第三章を参照。

(24) 官奴婢に喪仮があったことは確かであると思われるが、尾形氏が述べられた(同前掲註(18)論文)ように喪礼への参加を意味するものではなかったと考える。不祥なる者を遠ざけるなど、他の理由によるものと考えたい。「喪」は、「婚」とは違い礼法上の要件を満たさなければ、使用できないという用語ではなかったと考える。

(25) 私賤人のうち部曲客女については、これまでもその身分が良であるか賤であるかが問題とされてきているが、堀前掲註(2)論文、ならびに同『中国古代の身分制――良と賤』(汲古書院、一九八七年)序章が賤であることを明らかにされている。同じく奴婢の上級身分ということで同格視される官戸と部曲だが、官と私というその隷属する主人の違いにより、礼秩序の内と外という違いを生じたものと考える。ちなみに、部曲客女は、「婚」をなしえず、給田もされなかったと考える。

(26) 官戸が独立した身分ではなく、番戸と雑戸の総称であったなど、官賤人の制度には大きな変化があったことが知られる。本書附篇一「『新唐書』百官志の官賤人記事について」を参照。

(補註1) 北宋天聖令の発見により、本稿の推測が正しかったことが証明された。官奴婢の配偶については、雑令唐17条に次のように規定されていた。

諸官戸、官奴婢男女成長者、先令当司本色令配偶。

諸そ官戸・官奴婢の男女成長せば、先に当司をして本色にて配偶せしめよ。

(補註2) 北宋天聖令の発見により、「婚」字が竄入であることが証明された。天聖雑令唐22条の関係部分は「毎旬放休仮一日。元日、冬至、臘、寒食、各放三日。産後及父母喪、各給仮一月。期喪、給假七日」となっている。

引用史料一覧

本書で使用した史料とそのテキストを記す。

1　日本史料

養老律　律令研究会編『訳注日本律令』二・三（律本文篇上・下）東京堂出版、一九七五年
養老令　黒板勝美編『新訂増補国史大系22　律　令義解』吉川弘文館、二〇〇〇年、初版一九三九年
　井上光貞ほか校注『日本思想大系3　律令』岩波書店、一九七六年
令集解　黒板勝美・国史大系編修会編『新訂増補国史大系23・24　令集解』吉川弘文館、二〇〇〇年、初版一九四三年・一九六五年
類聚三代格　黒板勝美編『新訂増補国史大系25　類聚三代格　弘仁格抄』吉川弘文館、二〇〇〇年、初版一九三六年
延喜式　黒板勝美編『新訂増補国史大系26　延暦交替式　貞観交替式　延喜交替式　弘仁式　延喜式』吉川弘文館、二〇〇〇年、初版一九三七年
続左丞抄　黒板勝美編『新訂増補国史大系27　新抄格勅符抄　法曹類林　類聚符宣抄　続左丞抄　別聚符宣抄』吉川弘文館、一九九九年、初版一九三三年
古事記　倉野憲司ほか校注『日本古典文学大系1　古事記　祝詞』岩波書店、一九五八年
　青木和夫ほか校注『日本思想大系1　古事記』岩波書店、一九八二年

日本書紀　坂本太郎ほか校注『日本古典文学大系67・68　日本書紀』（全二巻）岩波書店、一九六五年・一九六七年
続日本紀　黒板勝美編『新訂増補国史大系2　続日本紀』吉川弘文館、二〇〇〇年、初版一九三五年
　青木和夫ほか校注『新日本古典文学大系12〜16　続日本紀』（全五巻）岩波書店、一九八九年〜一九九八年
続日本後紀　黒板勝美編『新訂増補国史大系3　日本後紀　続日本後紀　日本文徳天皇実録』吉川弘文館、二〇〇〇年、初版一九三四年
播磨国風土記　秋本吉郎校注『日本古典文学大系2　風土記』岩波書店、一九五八年
　沖森卓也ほか編著『播磨国風土記』山川出版社、二〇〇五年
東大寺要録　筒井英俊校訂『東大寺要録』国書刊行会、一九八二年、初版一九四四年
正倉院文書　東京大学史料編纂所編『大日本古文書』（全二十五冊）東京大学出版会、一九八二年〜一九八三年、初版一九〇一年〜一九四〇年
譲状　竹内理三編『平安遺文』（全十五冊）東京堂出版、一九四七年〜一九八〇年
小野宮年中行事裏書　鹿内胤浩「『小野宮年中行事裏書』（田中教忠旧蔵『寛平二年三月記』）影印・翻刻」（『日本古代典籍史料の研究』思文閣出版、二〇一一年、初出二〇〇三年）
万葉集　佐竹昭広他『補訂版　萬葉集』塙書房、一九九八年、初版一九六三年
　佐佐木信綱編『新訂新訓万葉集』（全二冊）岩波書店、二〇〇三年、初版一九二七年
法隆寺幡銘　松本包夫「正倉院の染織幡（後篇）」『正倉院年報』四、一九八二年
　浅井和春「東京国立博物館保管　上代裂の銘文について」『MUSEUM』三九〇、一九八三年

2　中国史料

晋令　張鵬一編著『晋令輯存』三秦出版社、一九八九年

唐律・唐律疏議　律令研究会編『訳注日本律令』二・三（律本文篇上・下）東京堂出版、一九七五年

唐令　仁井田陞『唐令拾遺』東方文化学院、一九三三年。一九六四・一九八三年、東京大学出版会から復刊

池田温編集代表『唐令拾遺補』東京大学出版会、一九九七年

天聖令　天一閣博物館・中国社会科学院歴史研究所天聖令整理課題組校証『天一閣蔵明鈔本天聖令校証　附唐令復原研究』中華書局、二〇〇六年

通典　王文錦ほか点校『通典』中華書局、一九八八年

唐六典　陳仲夫点校『唐六典』中華書局、一九九二年

『宋本大唐六典』中華書局、一九九一年

宋刑統　呉翊如点校『宋刑統』中華書局、一九八四年

唐会要　上海社会科学院歴史研究所古代史研究室標校『唐会要』上海古籍出版社、二〇〇六年

牛継清校証『唐会要校証』（全二冊）陝西出版集団　三秦出版社、二〇一二年

静嘉堂文庫所蔵抄本系『唐会要』写本

京都大学人文科学研究所所蔵抄本系『唐会要』膠片景照本

冊府元亀　『冊府元亀』（全十二冊）中華書局、一九八二年、初版一九六〇年

『宋本冊府元亀』（全四冊）中華書局、一九八九年

唐大詔令集　『唐大詔令集』中華書局、二〇〇八年

三国志　陳乃乾校点『三国志』中華書局、一九八二年、初版一九五九年
宋書　王仲犖点校『宋書』中華書局、一九八三年、初版一九七四年
隋書　汪紹楹・陰法魯点校『隋書』中華書局、一九七三年
旧唐書　『旧唐書』中華書局、一九七五年
新唐書　『新唐書』中華書局、一九七五年
太平御覧　『太平御覧』（全四冊）中華書局、一九八五年、初版一九六〇年
文苑英華　『文苑英華』（全六冊）中華書局、一九八二年、初版一九六六年
敦煌文書　池田温『中国古代籍帳研究　概観・録文』東京大学出版会、一九七九年
吐魯番文書　国家文物局古文献研究室・新疆維吾爾自治区博物館・武漢大学歴史系編『吐魯番出土文書』（全十冊）文物出版社、一九八一年～一九九一年
酉陽雑俎　『四庫筆記小説叢書　分門古今類事　外八種』上海古籍出版社、一九九一年
許逸民校箋『酉陽雑俎』（全四冊）中華書局、二〇一五年
北戸録　『山川風情叢書　南方草木状　外十二種』上海古籍出版社、一九九三年
太平広記　汪紹楹点校『太平広記』（全十冊）中華書局、一九八六年、初版一九六一年
梁谿漫志　金圓校点『宋元筆記叢書　梁谿漫志』上海古籍出版社、一九八五年
容斎四筆　孔凡禮点校『唐宋史料筆記叢刊　容斎随筆』（全二冊）中華書局、二〇〇五年

初出一覧

本書に収めた各章篇の初出は、以下の通りである。なお、本書における論題と初出時の論題が異なる場合は、原題（旧稿名）も記した。

序　章　本書の視角と構成（新稿）
第一章　ヤツコと奴婢の間（佐藤信編『史料・史跡と古代社会』吉川弘文館、二〇一八年）
第二章　律令賤人制の構造と特質（原題「律令賤民制の構造と特質　付『新唐書』刑法志の貞観の刑獄記事について」池田温編『中国礼法と日本律令制』東方書店、一九九二年）
第三章　日唐官賤人の解放規定について（新稿）
第四章　日唐賤人の身分標識について（笹山晴生編『日本律令制の構造』吉川弘文館、二〇〇三年）
第五章　日唐戸令当色為婚条について（原題「唐日戸令当色為婚条について」佐伯有清編『日本古代中世の政治と宗教』吉川弘文館、二〇〇二年）
第六章　天聖令からみた日唐奴婢売買の諸問題（原題「天聖令からみた唐日奴婢売買の諸問題」大津透編『日唐律令比較研究の新段階』山川出版社、二〇〇八年）
第七章　藤原仲麻呂と女楽（武光誠編『古代国家と天皇』同成社、二〇一〇年）
終　章　日本古代の奴婢は奴隷か（原題「奴婢は奴隷か」國學院大學日本文化研究所編『律令法とその周辺』汲古書

院、二〇〇四年）

附篇一　『新唐書』百官志の官賤人記事について（原題「《新唐書・百官志》中的官賤民記載」戴建国主編『唐宋法律史論集』上海辞書出版社、二〇〇七年）

附篇二　唐戸令当色為婚条をめぐる覚書（小田義久博士還暦記念事業会編『小田義久博士還暦記念東洋史論集』龍谷大学東洋史学研究会、一九九五年）

あとがき

私が日本古代の賤人制に興味をもったのは、大学教養部時代にさかのぼる。英語のクラスが一緒であった鉄野昌弘氏（上代文学）、大津透氏（日本古代史・中国唐代史）、本郷和人氏（日本中世史）、山形眞理子氏（ベトナム考古学）、山岸公基氏（日本美術史）らと始めた『寧楽遺文』の読書会で、「東大寺奴婢帳」について報告したことが契機となっている。その後、卒業論文、修士論文のテーマとし、今日に至ったわけであるから、かれこれ四十年程、研究してきたことになる。約四十年間の研究成果としては本書の内容はあまりに貧しく、恥じ入る次第であるが、還暦を超え、研究生活も残り少なくなり、今を逃しては一書にまとめることは困難と考えて上梓した次第である。

本書を構成する論文の多くは、卒業論文「日本の律令制と奴婢」と修士論文「日本古代の人身「所有」について」の諸章が基礎となっている。しかし、卒業論文で扱った賤人制度の成立過程、奴婢の逃亡、修士論文で論じた古代の賤人制度の衰退過程、中世的隷属民の発生などの内容は、本書に取り込むことができなかった。これらの重要な論点を欠くことになったことは、著者として甚だ心残りであるが、今となっては致し方ない。不十分な内容については、読者の皆様にはお詫びするばかりである。

実にお恥ずかしい話であるが、卒論の清書では曾根正人氏、修論の清書では森公章氏、山口英男氏、渡辺晃宏氏、大津透氏、春名宏昭氏のご助力を仰いだ。この機会を借りて、改めて謝意を表したいと思う。曲がりなりにも賤人制の研究を続けることができたのは、お名前を挙げた六人の方々のお蔭である。また、卒論、修論をご指導頂いた故土田直鎮先生、笹山晴生先生、学部・大学院時代に教えを受けた故青木和夫先生、池田温先生、故佐伯有清先生、東野治之先生、故益田宗先生、故皆川完一先生、故義江彰夫先生の学恩にも感謝申し上げたい。

就職後も、同僚に恵まれたことは幸いであった。工学院大学では専門外の広い知見に触れることができ、大正大学では関連分野の深い専門的な示教を得ている。同職した方々、今もお世話になっている方々に深く感謝する。

就職して間もない頃に、名著刊行会の菊池克美氏から賤人制で本にまとめないかという有難いお話を頂きながら、能力不足ゆえに果たせなかった。ご厚意に報いることができなかったことを、今でも申しわけなく思っている。しかし、その後、幸いなことに同成社の佐藤涼子社長のご高配により、古代史選書に加えて頂くこととなり、今回の出版に至った。原稿提出まで辛抱強く待って頂いた佐藤社長、丹念に編集をして下さった山田隆氏、ご多忙にもかかわらず校正を手伝って下さった川嶋孝幸氏には、心からお礼申し上げる。

令和元年七月

著者識す

索　　引

1．本索引は、Ⅰ．研究者名索引とⅡ．事項索引、Ⅲ．人名索引から成る。排列は、五十音順に依った。
2．Ⅰにおいて、中国人研究者名は日本語の漢字音に拠って排列した。
3．Ⅱでは、「律令」「律令法」「律令制」「賤人」「賤人制」「賤人制度」など頻出する用語、地名、史料名などは採録しなかった。本文中に引用した史料名については、「引用史料一覧」を参照されたい。
4．Ⅲにおける人名は、研究者以外の人名であり、神名・氏族名も採録した。中国人名は日本語の漢字音に拠って排列した。なお、時代、年代表記にあたって天皇名が用いられている場合は、人名として採録した。

Ⅰ．研究者名索引

─あ　行─

─か　行─

─さ　行─

Ⅱ．事項索引

Ⅲ．人名索引

―か 行―

―さ 行―

―た 行―

―な 行―

―は 行―

―ま　行―

―や　行―

―ら　行―

日唐賤人制度《にっとうせんじんせいど》の比較研究《ひかくけんきゅう》

■著者略歴■
榎本淳一（えのもと　じゅんいち）
1958年　秋田県に生まれる
1991年　東京大学大学院人文科学研究科博士課程単位取得退学
2008年　博士（文学、東京大学）
現　在　大正大学文学部教授
主要著書
『唐王朝と古代日本』吉川弘文館、2008年。『古代中国・日本における学術と支配』（編著）同成社、2013年。

2019年10月15日発行

著　者　榎　本　淳　一
発行者　山　脇　由　紀　子
印　刷　三報社印刷㈱
製　本　協栄製本㈱

発行所　東京都千代田区飯田橋4-4-8
（〒102-0072）東京中央ビル　㈱同成社
TEL 03-3239-1467　振替 00140-0-20618

ISBN978-4-88621-831-5 C3321